WIE WIR DIE CHANCEN DER 20ER JAHRE NUTZEN MÜSSEN

HARALD CHRIST

ZUKUNFTS-FEST

MURMANN

Inhalt

EDITORIAL

Wenn ein Buch erscheint, so steht zunächst der Autor im Vordergrund. In diesem Fall soll es aber nicht um mich gehen, sondern um das Ermöglichen und Befähigen. Anlässlich meines 50. Geburtstages habe ich die Harald Christ Stiftung für Demokratie und Vielfalt ins Leben gerufen. Diese wird Kinder und Jugendliche unterstützen, die durch ihre Familien- und Lebensverhältnisse benachteiligt sind. Sie sollen ihre Potenziale entwickeln und Chancen nutzen. Ich selber hatte das große Glück, diese Unterstützung von meinen Eltern zu erfahren. Sie haben immer an mich geglaubt und mir trotz großer Herausforderungen einen Weg geebnet, um etwas Besonderes zu schaffen. Das bleibt mir unvergessen, und dafür danke ich ihnen von Herzen. So wie ich denjenigen danke, die in Politik und Wirtschaft ebenfalls nie den Blick für die Allgemeinheit verlieren. Ich danke den Unternehmerinnen und Unternehmern, die fördern und fordern – auch in dem Wissen, dass es unser aller Wohlstand sichert, wenn die Starken den vermeintlich Schwächeren helfen. Darum und um die Potenziale unseres Landes, die wir nicht brachliegen lassen dürfen, soll es in diesem Buch gehen.

Harald Christ

»Es gibt nur eins, was auf Dauer teurer ist als Bildung, keine Bildung.« – Ein Plädoyer für die berufliche Bildung

John F. Kennedy

VORWORT

Uns allen ist bewusst: Wir sind von der Industriegesellschaft in die Wissensgesellschaft übergetreten. Was sind die Grundlagen, um zu einer führenden Wissensgesellschaft zu werden? Ganz klar: Bildung.

Ein Kernelement der sozialen Marktwirtschaft ist das Versprechen, dass jeder durch Fleiß den sozialen Aufstieg schaffen kann. Leistung soll sich lohnen. Deswegen liegt der Schlüssel einer guten Wirtschaftspolitik auch in der Erhöhung der sozialen Mobilität durch Bildung.

Es kann uns nicht ruhen lassen, dass in unserem reichen Land jeder fünfte Jugendliche nicht richtig lesen kann. Dass es zu oft mehrere Generationen braucht, bis jemand in die Mittelschicht aufsteigt.

Bildung zielt aber nicht allein auf individuelle Lebens- und Karrierewege. Denn das Wissen jedes Einzelnen ist Grundlage für neues Wissen für die Gesellschaft und damit für Innovationen. Bildung und Forschung haben also eine immense gesamtgesellschaftliche Bedeutung. Denn Innovationen spielen die entscheidende Rolle für den weiteren Wohlstand.

Die Tatsache, dass laut KfW-Innovationsbericht im Mittelstand die Innovationskraft seit eineinhalb Jahrzehnten nachlässt, muss ein Warnsignal sein. Keine Nation wurde jemals Innovationsweltmeister, indem sie sich auf ihrer technologischen Vorreiterrolle der Vergangenheit ausruhte. Und dazu braucht sie gut ausgebildete Fachkräfte.

Bildung wird in den Augen vieler schlicht mit akademischer Bildung gleichgesetzt. Rekordstudierendenzahlen wären also Zeichen erfolgreicher Politik. Dabei ist über alle Branchen hinweg der Mangel an Talenten in der beruflichen Bildung das drängendste Thema noch vor steigenden Rohstoffpreisen oder Regulierung. Hier gibt es viel zu tun, um unser Land zukunftsfest zu machen.

Nehmen wir die digitale Revolution: Wer heute seinen Berufsweg startet, muss schneller neue Tätigkeiten erlernen – über den gesamten Berufsweg hinweg. Weiterbildung und ein Neustart »mitten im Leben« müssen möglich sein. Einige Berufsbilder werden in den nächsten zehn Jahren aussterben – andere dafür entstehen. Noch vor einigen Jahren hatten wir keine Vorstellung, was ein Industrial Data Analyst sein soll. Wir dürfen nicht schlafen, sondern müssen zügig diese Ausbildungswege gestalten. Mit einem Digitalpakt 2.0 geben wir Berufsschulen nicht nur die Hardware, sondern investieren auch in die Köpfe hinter den Geräten und Leitungen. Sie müssen im 21. Jahrhundert ankommen.

Eine Exzellenzstrategie berufliche Bildung muss ihre Bedeutung klar deutlich machen. Durch Auslandspraktika während der Ausbildung steigt die Attraktivität und können internationale Kompetenzen vermittelt werden.

So vielfältig wie unsere Talente muss die Begabtenförderung sein. Wir können es nicht hinnehmen, dass mehr als zehnmal so viel für Stipendien für Studierende im Vergleich zur beruflichen Qualifikation ausgegeben wird. Die Begabtenförderwerke müssen sich für die Berufsbildung öffnen. Nur so wird die Gleichwertigkeit und Durchlässigkeit in unserem Land verwirklicht.

Unser Auftrag heute ist: mit der besten und modernsten Bildung Lebenschancen zu schaffen. Mit bester Forschung die Lösungen für die Herausforderungen nicht in den Antworten der Vergangenheit, sondern in den Technologien der Zukunft zu suchen.

Bettina Stark-Watzinger
Bundesministerin für Bildung und Forschung

01

MEIN VORBILD HELMUT SCHMIDT ODER: WIE ICH ZUM THEMA DIESES BUCHES KOMME

DEUTSCHLANDS UNGENUTZTE RESSOURCEN

Mitte 2009 meldete sich der damalige Kanzlerkandidat der SPD Frank-Walter Steinmeier bei mir und bot mir an, in sein Kompetenzteam zu kommen. Ich hatte das Management der Berliner Weberbank und der Muttergesellschaft WestLB Mitte 2008 verlassen und konnte guten Gewissens sein Angebot annehmen. Steinmeier war sich der Tatsache bewusst, dass die SPD in Sachen Wirtschaft und Unternehmertum Nachholbedarf hatte. Deshalb hatte er mich angesprochen. Und deshalb gab es damals auch den wirklich innovativen »Deutschland-Plan«, von dem der damalige Chefkommentator der *Süddeutschen Zeitung*, Heribert Prantl, schrieb, er sei »pfiffig – und interessanter als das, was die Union zu bieten« habe. Und: Steinmeiers »Deutschland-Plan« verlasse die Bahnen der gewohnten SPD-Politik. Denn: Das Fundament sei sozusagen grün, es sei auf den klugen Überlegungen eines »Green New Deal« gebaut, also eines ökologischen Um- und Ausbaus der Wirtschaft. Es gehe um »bahnbrechende Veränderungen im Autobau, im Klima- und Umweltschutz und bei der Nutzung erneuerbarer Energien«.[1] Das klingt selbst ein Jahrzehnt später immer noch ausgesprochen aktuell – nicht nur in meinen Ohren, wie ich vermute. Prantl hatte schon recht: Hätte der damalige Kurzzeit-Wirtschaftsminister Karl-Theodor zu Guttenberg Steinmeiers Plan vorgestellt, hätte man ihn in manchen Kreisen wohl »als den Propheten einer neuen Arbeitsgesellschaft« gepriesen. Immerhin war er damals sozusagen mein Gegenspieler auf dem Feld der Wirtschaftspolitik. Und schon damals, wie ich fand, auf groteske Weise überschätzt, denn er verfügte über keinerlei vorzeigbare Erfahrungen als Unternehmer, als Manager oder Wirtschaftspolitiker.

Dass pflichtschuldige Kritik vom damaligen Koalitionspartner CDU/CSU kam, war erwartbar. Wenig überraschend war auch, dass sich viele glühende Sozialisten über den Plan echauffierten: Es komme darin viel zu oft »das Wort Deutschland« vor (nämlich 149-mal), das Begriffspaar »soziale Gerechtigkeit« dagegen nur zweimal. Und weiter: »Unablässig geht es darum, dass Deutschland ›Leitmärkte der Zukunft erkennen und ansteuern‹, die deutsche Softwarebranche auf ›Augenhöhe mit den USA‹ gebracht werden und Deutschland ›beim Leitmarkt Elektromobilität zum Durchbruch‹ verholfen werden müsse. Auch bei erneuerbaren Energien soll Deutschland bald den ›Spitzenplatz‹ einnehmen.« Ja, das hatten die Linken, die dagegen auf »sozialistische Maßnahmen« gegen das »kapitalistische Profitsystem« setzen wollten, richtig erkannt: Steinmeiers Deutschland-Plan war innovativ, wirtschaftsfreundlich *und* arbeitnehmerfreundlich – und seiner Zeit wahrscheinlich etwas voraus.[2] Leider: Auch wer zu früh kommt …

Was unterging im Wahlkampf des Jahres 2009: Steinmeier wollte die SPD damals mit einer *Bildungsoffensive* als »Partei des Aufstiegs« positionieren. Auch das war ein Grund für mich gewesen, in sein Team zu gehen.

An den Spirit im Team um Frank-Walter Steinmeier denke ich noch heute gerne zurück. Er erinnert mich an das Jahr vor der Bundestagswahl 2021, als sich die FDP überlegte, wie sie im Falle einer Regierungsbeteiligung wichtige Reformvorhaben durchsetzen könnte. Und an die Koalitionsverhandlungen im Herbst 2021, als sich alle Beteiligten schnell darauf verständigten, dass man nur eine Regierung bilden kann, wenn man nach vorne blickt und das ins Visier nimmt, was man zusammen anpacken kann, statt sich darüber zu zerstreiten, wo man zu weit auseinanderliegt.

Zurück zum Jahr 2009: Ich fühlte ich mich sofort sehr wohl in der Rolle des »Schatten-Wirtschaftsministers«. Auch wenn wir das so bewusst nicht genannt hatten. Der Fokus sollte nicht abstrakt auf »der« Wirtschaft liegen, sondern auf der *mittelständischen* Wirtschaft:

Einerseits hatten gerade viele kleine und mittelständische Unternehmen im Zuge der Wirtschaftskrise nach der Pleite der US-Investmentbank Lehman Brothers Probleme bei der Erlangung oder Verlängerung von Krediten. Und andererseits war Frank-Walter Steinmeier sehr bewusst, dass der Innovationstreiber der deutschen Wirtschaft die mittelständische Industrie war. Das waren die beiden hauptsächlichen Gründe, warum er auf mich zugegangen war und nicht auf eine vielleicht bekanntere Persönlichkeit eines großen Unternehmens. Denn ich stand – und stehe – für die mittelständische Sicht auf die Dinge. Und ich hatte Erfahrungen bei Banken gesammelt und wusste um die Probleme bei der Kreditvergabe.

Die innovative Herangehensweise, die Idee, einen dritten Weg zu versuchen zwischen altbackenem rheinischem Kapitalismus, der erkennbar ausgedient hatte, und neosozialistischen Ideen, die unverdrossen von links kamen, entsprach ganz und gar meiner Lebensphilosophie. Denn eines war mir damals schon völlig klar: Die soziale Marktwirtschaft braucht Menschen, die unternehmerisch handeln, Arbeitsplätze schaffen und Erfolg haben.

Oder anders gesagt: Die soziale Marktwirtschaft ist nicht nur deshalb »sozial«, weil es Mitbestimmung, gute soziale Sicherungssysteme und Rechte für abhängig Beschäftigte gibt, sondern weil sich Wettbewerb und freies Unternehmertum mit sozialem Ausgleich verbinden. Weil ein freies Unternehmertum jenen Wohlstand erwirtschaftet, der als Steuereinnahmen an den Staat fließt. Und weil jeder Mensch zählt.

Wie wir alle wissen, schnitt die SPD bei dieser Bundestagswahl ausgesprochen schlecht ab. Und ich war nicht nur um einige Erfahrungen reicher, ich hatte auch ziemlich viel gelernt. Über mich, über Deutschlands Wirtschaft und die Rolle der Politik – und über meine damalige Partei, die SPD.

Nachdem die SPD sich also in der Opposition wiederfand, wollte ich ein Buch über die Gründe dieser herben Niederlage schreiben. Und darüber, was sich in der SPD alles ändern müsste. Wochenlang habe ich an meinem Manuskript gefeilt. Vieles ging mir durch den Kopf. Die SPD, in die ich im Alter von 16 eingetreten war, schien 2009, nach sieben Jahren Regierungsverantwortung unter Gerhard Schröder und weiteren vier Jahren unter Angela Merkel, an einem toten Punkt angekommen.

Als ich nach Wochen harter Arbeit die ersten Kapitel fertig hatte, packte ich sie in einen Umschlag und schickte sie Helmut Schmidt, zu dem ich einen besonderen Draht besaß und den ich mir sozusagen als Mentor auserkoren hatte. Er war damals hochgeachteter Herausgeber der Wochenzeitung *Die Zeit*. Bald darauf fuhr ich nach Hamburg und durfte ihn treffen. Ich rechnete es ihm hoch an, dass er mir auch diesen Termin wieder schnell und unkompliziert gewährte, denn er war ja schon betagt und musste mit seinen Kräften mehr haushalten als in früheren Jahren.

Und nun saß ich ihm wieder einmal gegenüber: Ich, der Ex-Schatten-Wirtschaftsminister, der Rheinhesse aus Worms, 38 Jahre jung, der seiner sozialdemokratischen Partei den deutschen Mittelstand näherbringen wollte. Ich schaute in die ironisch blitzenden Augen des 91-jährigen Alt-Bundeskanzlers, einem hanseatischen *Elder Statesman* durch und durch. Selbstsicher, beinahe schmerzhaft distanziert und mit einem scharfen Urteilsvermögen gesegnet. Schweigend blätterte er in meinem Manuskript, das vor ihm auf dem Tisch lag. An den vielen Anstreichungen sah ich, dass er nicht nur hineingeschaut hatte, sondern die ersten sechs Kapitel meines geplanten Buches über unsere Partei wirklich gelesen hatte. Was mich mit Stolz, aber auch einer gehörigen Portion Nervosität erfüllte. Ich dachte, er würde jede Sekunde loslegen: mit Kritik. Mit Anregungen. Doch der Hanseat Schmidt schwieg und blätterte. Dann brummte er, zog den

Aschenbecher heran und steckte sich eine seiner berüchtigten Mentholzigaretten an. Nach gefühlt zwei sehr langen Minuten schaute er schließlich auf und sagte: »Herr Christ, lassen Sie es. Dieses Buch braucht die Welt nicht.«

Ich war einigermaßen vor den Kopf gestoßen.

»Wissen Sie, Herr Christ«, und dann musste er kurz husten und nahm einen Schluck Cola light, »ich entnehme Ihrem Manuskript, dass Sie das Bildungsthema umtreibt. Dass Sie verstanden haben, dass *Wohlstand, Globalisierung* und die *Finanzierung unserer Sozialsysteme* mit dem Thema *Bildung* zu tun haben. Dass unsere Wirtschaft von nur einer einzigen Ressource wirklich abhängig ist: von gut ausgebildeten Leuten. Von Facharbeitern. Von Leuten, die etwas können. Schreiben Sie doch darüber. Schreiben Sie über *das Querschnittsthema Bildung*. Damit können Sie nicht nur in unserer Partei viel Gutes tun, sondern auch für unser Land.«

Helmut Schmidt war einer der weitsichtigsten und intelligentesten Politiker, die ich in meinem Leben kennengelernt habe. Ich bin stolz darauf, dass ich die Möglichkeit hatte, ihn und seine liebe Frau Loki viele Jahre immer wieder getroffen zu haben und dass ich sie dabei immer besser kennenlernen konnte. Wir haben dabei viel geraucht – ich bekenne, das ist ein Laster, das ich noch immer nicht abgestellt habe. Wir haben viel diskutiert. Und vor allem ich habe sehr viel gelernt.

Schmidt hatte, wie so oft, recht: Statt sich an einer verdienst- und traditionsreichen, komplizierten und in weiten Teilen leider auch reichlich *verstockten* Partei abzuarbeiten, könnte ich alles das zusammenfassen und aufschreiben, was mir, dem Mittelstandsversteher, der aus einfachen Verhältnissen kommt und sich nach oben gearbeitet hat, wirklich wichtig war. Was ich erfahren und erkannt hatte und was meines Erachtens geändert werden müsste. Anderthalb Jahre später publizierte ich in einem kleinen Verlag das Buch

Deutschlands ungenutzte Ressourcen. Darin habe ich viele Statistiken und allerlei Fakten zusammengetragen und versucht, die Defizite Deutschlands beim Thema Bildung darzustellen. Und zwar nicht aus bildungspolitischer Perspektive, schließlich bin ich da Laie, sondern aus makroökonomischer Perspektive. Denn diese Sichtweise ist in Deutschland chronisch unterbelichtet.

Seitdem hat mich dieses Thema nicht mehr losgelassen, und das hat mehrere Gründe. Zum einen hat es natürlich mit meiner Herkunft und meiner eigenen Bildungsbiografie zu tun. Den Wert von Bildung als Startrampe für Erfolg im Beruf, für gesellschaftlichen Aufstieg und finanzielle Unabhängigkeit habe ich selbst erfahren. Zum anderen bin ich im Laufe meiner beruflichen Karriere dem Thema in vielerlei Gestalt begegnet. Als ich dieses Buch nach einigen Jahren wieder in die Hand nahm, war ich verblüfft und erschrocken, wie wenig sich seither geändert hatte. Im Gegenteil: Vieles hat sich eher verschlimmert. Weil es politisch verdrängt und nicht angepackt worden ist. Bis jetzt.

BILDUNG, AUSBILDUNG, KOMPETENZEN

Als ich 1988 in die SPD eintrat, in der rheinland-pfälzischen Heimat, war das noch eine Partei von altem sozialdemokratischem Schrot und Korn. Das war selbst bei den Jusos zu spüren, auch wenn wir natürlich begeistert Systemfragen diskutierten und uns am Kapitalismus – oder daran, was wir dafür hielten – abarbeiteten.

Ich komme aus einem Arbeiterhaushalt. Abitur habe ich nie gemacht, und studiert habe ich auch nicht. Aber ich habe eine solide Ausbildung als Industriekaufmann bei den Stadtwerken in meiner Heimatstadt Worms gemacht. Dazu berufsbegleitend eine Zusatzausbildung in der Bank- und Versicherungswirtschaft absolviert, und zwar bei der BHW Bausparkasse, die heute zur Deutschen Bank gehört. Seitdem wurde ich schon oft nach meiner Ausbildung gefragt. Die Antwort ist immer die gleiche: Die kaufmännische Lehre und die berufsbegleitende Zusatzausbildung auf dem zweiten Bildungsweg war und ist für mich die Basis für alles Weitere auf meinem beruflichen Lebensweg. Auf dieser Basis waren *Learning by Doing* und eine Karriere durch Fleiß und Engagement möglich. Ich hatte das Glück, im Vertrieb der Bausparkasse eingesetzt zu sein. Dort wurde einerseits gute Leistung unmittelbar sichtbar und auch belohnt, andererseits hatte ich dort viel und ganz direkt mit Menschen zu tun. Und wenn ich etwas mag, dann ist es das: mit und für unterschiedliche Menschen zu arbeiten, etwas aufzubauen und Möglichkeiten auszuloten, um die Lebensverhältnisse für diese Menschen zu verbessern.

Je mehr Verantwortung ich im Laufe der Zeit übernahm und je länger ich in Unternehmen in Führungspositionen tätig war, desto klarer wurde mir, dass Bildung und alles, was damit zusammenhängt, vom »Training on the Job« über die Ausbildung an Berufs- und Fachhochschulen bis hin zur universitären Ausbildung, nicht nur der Schlüssel für privates Fortkommen und Zufriedenheit ist, sondern auch Grundvoraussetzung für gesellschaftlichen Wohlstand.

Selbst der Begriff »Herzensbildung« trägt das, was *Bildung* umfasst, in sich, und das ist kein Zufall. Denn es geht immer um das Miteinander von Menschen. Das ist mir wichtig.

Ein kluger Mensch hat einmal das Bonmot geprägt: »Bildung fängt da an, wo Wissen aufhört.« Dieser Satz gefällt mir. Denn er verweist darauf, dass es oft gar nicht so sehr auf auswendig gelerntes Detailwissen ankommt, sondern auf Kompetenzen. Ein Mitarbeiter in der verarbeitenden Industrie muss ein Gefühl dafür haben, ob die Maschinen rundlaufen, ob irgendetwas nicht in Ordnung ist und welche Abläufe vielleicht verändert werden sollten, um etwas qualitativ zu verbessern. Man könnte es auch *Erfahrung* nennen. Gleichzeitig müssen natürlich erst einmal die Grundlagen geschaffen sein, um sich Kompetenz und Erfahrung erwerben zu können und daraufhin ständig dazulernen zu können.

Um nicht falsch verstanden zu werden: Der pädagogischen Mode, nur noch von Kompetenzen und Kompetenzzielen, ja von »Kompetenzkompetenz« zu fabulieren, folge ich ausdrücklich *nicht*. Gute Bildung und eine fundierte Ausbildung sind nicht zu ersetzen. Sie sind nötiger denn je, gerade weil das Wissen explodiert, Verfahrenstechniken sich schnell wandeln und die voranschreitende Digitalisierung auch in Zukunft zu disruptiven Veränderungen in Produktions- und Vertriebsprozessen führen wird. Und: *Nein*, es reicht nicht, ein Smartphone in der Tasche zu haben. Motto: Man kann ja alles »im Internet« schnell nachsehen, weshalb man selbst keinerlei Bildung, keinerlei Wissen, keinerlei Know-how mehr brauche. Diese Antwort auf die digitale Revolution und ihre Möglichkeiten einerseits und die exponentielle Vermehrung von Wissen andererseits ist die ignoranteste, die man geben kann.

Es lohnt sich hingegen, einen Schritt zurückzutreten: Das alte humanistische Verständnis von Bildung meinte eine Art »Programm der Selbstbildung des Menschen«, die Entwicklung einer Persönlichkeit, die Entfaltung von Körper, Geist und Seele sowie das Entdecken von Talenten und Begabungen. Alles das galt als Voraussetzung für persönliche Mündigkeit, auch und gerade als Staatsbürger. Und auch als Voraussetzung von Zivilisation.[3] Deshalb knüpfte Wilhelm von Humboldt, der große preußische Bildungsreformer, auch an genau dieses Bildungsideal an. Mit Erfolg. Noch heute funktionieren die führenden amerikanischen Universitäten nach seinem Masterplan.

Natürlich sind die Herausforderungen im 21. Jahrhundert andere. Vor allem geht es um sehr viel mehr als Schule und Universität. Es geht um das Zusammendenken der Voraussetzungen von wirtschaftlichem Erfolg, persönlicher Zufriedenheit und gesellschaftlicher Prosperität.

Das Schielen auf die Zahlen derjenigen, die eine Universität besuchen, reicht allerdings nicht. Rein akademisches Know-how ist bei weitem nicht alles – heute nicht und auch nicht in absehbarer Zukunft. Ganz im Gegenteil. In vielen Industriezweigen wird es immer anspruchsvoller, Systeme, Anlagen und Gerätschaften zu programmieren, zu konfigurieren und zu überwachen. Viele klassische Handwerksbetriebe kommen ohne komplizierte technische Hilfsmittel nicht aus. Auch der gute alte Automechaniker heißt nicht umsonst schon lange Mechatroniker. Die Mechatronik stellt eine Schnittstelle der Gebiete Mechanik und Maschinenbau, Elektronik und Elektrotechnik sowie Informatik und Informationstechnik dar. Im Berufsalltag heißt das dann *interdisziplinäres Zusammenwirken* in Bereichen wie der Automatisierungs- oder der Systemtechnik.

Auf Feldern wie diesen müssen wir als Industrienation auf der Höhe der Zeit bleiben und weltweit zu den Besten gehören. Wir müssen genügend junge Leute zu kompetentem Nachwuchs ausbilden, der dann den Staffelstab übernehmen kann. Und der wiederum in der Lage ist, ganz eigene Akzente zu setzen. Mit anderen Worten: Unsere Schulabgänger brauchen das schulische Rüstzeug, anspruchsvolle Ausbildungsberufe erlernen zu können. An Fronten wie dieser tun wir aber als Volkswirtschaft deutlich zu wenig. Wir gefährden unsere Handwerkstradition, die wir aber brauchen: Für unser Netz von hoch spezialisierten kleinen und mittelständischen Betrieben, für unsere verarbeitende Industrie, für unsere Volkswirtschaft insgesamt.

In vielerlei Hinsicht sind wir eben keine Bildungsnation mehr – auch wenn dieses Ideal in Sonntagsreden immer aufs Neue beschworen wird. Doch Sonntagsreden und Absichtserklärungen werden nicht reichen. Wir müssen als Industrienation, deren einziger Rohstoff Bildung und Know-how ist, wieder zukunftsfest werden.

WARUM ALSO DIESES BUCH?

Die halbe Welt beneidet uns um das duale Ausbildungssystem. Wir könnten es zu einem Exportschlager machen – und es mit Engagement und viel politischer Rückendeckung auf kluge Weise weiterentwickeln. Es wäre einen bundesweiten Masterplan wert. Oder zumindest eine Reihe von Zoom-Konferenzen des Bundeskanzlers mit den Ministerpräsidentinnen und -präsidenten. Nicht nur die Corona-Pandemie ist eine große Aufgabe!

Es erfüllt mich mit Sorge, wie sehr das weite Feld der Bildung noch immer stiefmütterlich behandelt wird in Deutschland. Ich beobachte seit Jahren, wie sich Bildungspädagogen ideologische Scheingefechte auf dem Rücken unserer Jugend liefern. Besonders unverständlich finde ich es, dass die Erfahrungen von Unternehmen mit ihren Nachwuchskräften nicht aktiver geprüft und übernommen werden – in der beruflichen und berufsbegleitenden Bildung, in den Lehrplänen aller Schultypen, in Fortbildungen für Erwachsene.

Und in Kursen für Migranten, die mit den Standards unseres Landes vertraut gemacht werden müssen.

Gerade mittelständisch geprägte Unternehmen, die fest in ihrer Region verankert sind, machen es oft vor, wie erstklassige Ausbildung und Bildung im Allgemeinen zu verbinden sind. Und wie man dabei erfolgreich und pragmatisch mit Behörden und den Politikern der Region zusammenarbeitet.

Der Zusammenhang von Bildung und wirtschaftlichem Erfolg und Wohlstand treibt mich um – und das seit Jahren. Zu viele Ressourcen in diesem Land bleiben nach wie vor ungenutzt. Wir werden die wirtschaftlichen Herausforderungen des 21. Jahrhunderts nur meistern, wenn wir unsere wichtigste Ressource, unser Humankapital, wieder mehr schätzen und sie mobilisieren. Nach wie vor produzieren unsere Schulen zu viele Bildungsverlierer. Tendenz eher steigend als fallend. Zu viele Kinder aus Migrantenfamilien erhalten nicht die Chance, in Deutschland richtig anzukommen, aufzuschließen und beruflich erfolgreich zu werden. Was im Übrigen nicht nur volkswirtschaftlich von Belang ist, sondern auch gesellschaftlich. Denn ohne Bildung werden sich diese verlorenen Kinder und Jugendlichen kaum in unser Land integrieren können – und es auch wollen.

Hinzu kommt die Tatsache, dass wir in eine demografische Falle hineinlaufen, und das schon seit Jahren. Die deutsche Bevölkerung altert. Die sogenannten Babyboomer stehen kurz vor dem Rentenalter. Bald werden jedes Jahr viele Hunderttausend Fachleute, Ingenieurinnen und Ingenieure, Pflegekräfte, Computerspezialisten und viele andere Spezialistinnen und Spezialisten in Rente gehen. Jahr für Jahr. Wir haben zwar Zuwanderung, seit 2015 sogar in siebenstelliger Höhe. Aber sie ist völlig ungesteuert und nicht am Bedarf unserer Wirtschaft ausgerichtet. Auch das muss sich ändern, wenn wir nicht in eine krisenhafte und sehr unangenehme Gemengelage hineinlaufen wollen. Wir brauchen also auch einen »Import von Bildung« in Form von Fachleuten, die wir für unser Land gewinnen sollten.[4] Und denen wir großzügige Bedingungen bieten müssen. Doch dafür gibt es – immer noch – weder die passenden Gesetze noch kompetente Stellen, die den Zuzug von Fachleuten organisieren und empathisch begleiten sowie konkrete Hilfestellung leisten.

40 BERUFSPOLITIKER UND ICH

Ich bin felsenfest davon überzeugt, dass *Unternehmer und Manager* dieses Landes sich wieder stärker in die gesellschaftliche Diskussion einbringen müssen. Nicht nur beim Thema Weiter- und Fortbildung. Was sehen Menschen, die wichtige Funktionen in Unternehmen haben, als wichtig an? Wo gibt es Schieflagen? Woran denken sie konkret, wenn sie an die nächsten fünf, zehn oder fünfzehn Jahre denken?

Viel zu selten hören wir in Fernseh-Talkshows von Erfahrungen, Alltagssorgen oder sich bietenden Chancen aus dem Mund von Selbstständigen, von Unternehmern, von Managerinnen und Managern. Die Podcast-Landschaft explodiert momentan geradezu. Wo sind interessante Podcast-Formate, die so aufbereitet sind, dass sie breitere Bevölkerungskreise erreichen? Warum wird nicht mehr darüber debattiert, dass im überbordenden Angebot von öffentlichen-rechtlichen Radiosendern, Internetformaten und Podcasts das Thema Wirtschaft ausgesprochen stiefmütterlich und wenn überhaupt, dann völlig unterkomplex behandelt wird? Oder gar mit einem unschönen Unterton, der suggeriert, dass Unternehmer ja »Kapitalisten« sind und ihnen schon deshalb mit Misstrauen begegnet werden müsse.

Es ist auch kritikwürdig, dass viel zu oft nur Verbandsvertreter, Lobbyisten und Sprecher von Gewerkschaften zu Wort kommen. Nichts gegen Interessenvertretungen, die laut sind und ihren Job machen. Aber wirklich weiter bringen uns deren rituelle Streitereien zumeist nicht. Leider spielen die Medien dieses rituelle Spiel nur zu gerne mit. Informativer wäre es, zum Beispiel einzelne Unternehmer zu ihren konkreten Herausforderungen und Erfahrungen zu befragen. Wie muss man sich das China-Geschäft für einen *Hidden Champion* aus der deutschen Provinz vorstellen? Wie bereitet man seine Mitarbeiter auf diese Herausforderungen vor? Was sind die konkreten Erfahrungen von Unternehmen mit Flüchtlingen aus fremden Kulturkreisen, und wie werden diese angelernt und in eine Belegschaft integriert? Am konkreten Beispiel lernt es sich zumeist am besten.

Mehr und mehr hat sich in den vergangenen zehn, fünfzehn Jahren die Haltung durchgesetzt, dass *die* Wirtschaft irgendwie abseits steht oder gar als Antipode zur Zivilgesellschaft zu sehen ist. Oft genug wird selbst in Kinderbüchern oder Lernmaterialien an Schulen über Unternehmerinnen und Unternehmer mit einem abfälligen Unterton geschrieben. Motto: Unternehmer sind letztlich Ausbeuter. So ist es aber nicht. Und dieses angeblich kritische, im Kern aber reichlich uninformierte Zerrbild des Unternehmers spiegelt auch nicht die Wirklichkeit in unserem Land wider.

Leider ist die Situation der Politik nicht wesentlich besser.

Als die Sondierungsgespräche zwischen SPD, FDP, Union und Grünen am 1. Oktober 2021 begannen, war ich der einzige unter den 41 Verhandlern (SPD: 6; CDU: 10; CSU: 5; FDP: 10, Grüne: 10), der nicht Berufspolitiker war oder werden wollte. Nur die wenigsten hatten früher in der freien Wirtschaft gearbeitet oder waren Unternehmer gewesen. Bei den eigentlichen Koalitionsverhandlungen mit vielen Arbeitsgruppen, an denen bis zu 300 Fachpolitikerinnen und -politiker der drei Parteien teilnahmen, war die Quote nach meiner Beobachtung keineswegs besser (als Bundesschatzmeister meiner Partei war ich dort nicht mehr dabei).

Für ein Land, dessen Wohlstand und dessen soziale Sicherungssysteme zu 100 Prozent darauf fußen, dass es eine wettbewerbsfähige Wirtschaft gibt, die trotz hoher Löhne und hoher Sozialabgaben wettbewerbsfähig ist und ihre Produkte und Dienstleistungen verkaufen kann, ist das eine inakzeptable Situation.

DAS ENDE VON ANGELA MERKELS GROSSER KOALITION ODER: DIE PARALLELEN ZUM JAHR 1969

Am 26. September 2021 hat Deutschland ein neues Parlament gewählt. Und damit auch entschieden, wer in den kommenden Jahren die Regierung bilden wird. Nach 16 Jahren und vier Regierungen unter Angela Merkel bricht mit der neuen Regierung auch eine neue Zeit an. Endlich!, möchte man ausrufen. Denn die 20er-Jahre des 21. Jahrhunderts müssen endlich gestaltet werden. Einfach so weiterwurschteln wie bisher, nichts erklären, sich als Land, als Gesellschaft nichts vornehmen und ansonsten hoffen, dass alles schon irgendwie klappt und der Wohlstand erhalten bleibt, das ist jedenfalls meiner Ansicht nach keine akzeptable Regierungspolitik.

Besonders die letzten zwei Großen Koalitionen von CDU/CSU und SPD ab 2013 empfand ich als zunehmend unbefriedigend. Zu viel ist liegen geblieben, zu sehr haben sich die beiden Koalitionsparteien gegenseitig blockiert. Viel wurde geredet von der fehlenden Digitalisierung, den gefährdeten sozialen Sicherungssystemen, von Infrastruktur und Überbürokratisierung. Gestaltet wurde kaum etwas. Zu »faul« waren die vielen Kompromisse, die in der immer kleiner werdenden »Großen Koalition« gemacht wurden.

Irgendwie erinnert mich das alles sehr an die erste Aufbruchszeit der Bundesrepublik vor mehr als einem halben Jahrhundert. Jedenfalls sind so manche Parallelen nicht zu übersehen. Auch Bundeskanzler Kurt Georg Kiesinger schien 1969, am Ende seiner Regierungszeit, wie aus der Zeit gefallen. Die Situation damals: Es gab viele Studentenproteste und Demonstrationen einer sich verfestigenden linken Szene, die zunehmend dogmatischer und gewaltbereiter wurde. Auf der anderen Seite formierte sich eine rechtsradikale Szene, und die NPD stand kurz davor, die Fünfprozenthürde zu überwinden und in den Bundestag einzuziehen. Mittendrin stand die große Mehrheit der Deutschen. Sie wollte mit der Zeit gehen, von neuen Möglichkeiten profitieren, alte Fesseln abstreifen und modern sein – aber gleichzeitig politisch dort bleiben, wo sie stand und sich wohlfühlte: in der Mitte.

Die damalige Große Koalition unter der Führung einer zerschlissenen und müden CDU und einer von inneren Konflikten gezeichneten SPD hatte für den gesellschaftlichen Aufbruch jener Jahre keinerlei Antwort parat. Schlimmer noch: Sie wollte gar keine geben. Walter Scheel, der 1968 zum neuen Vorsitzenden der kleinen Oppositionspartei FDP gewählt wurde, sprach von »zwei unbeweglichen Kolossen«, die sich »beim Regieren gegenseitig behindern«.[5] Es war vor allem die kleine FDP, die sich in jenen Jahren bewegt und erst sich selbst erneuert hat – und dann auch der Aufbruchsbewegung im Land mit einem neuen Politikstil und mutiger Reformpolitik begegnet ist.

Vieles könnte man so oder so ähnlich auch über die Situation im Wahljahr 2021 sagen. Und über die Formung einer neuen Regierungskonstellation.

Damals jedenfalls, am 28. September 1969 – da war ich noch gar nicht geboren –, ermöglichten die Deutschen zum ersten Mal eine Regierungsbildung, an der CDU und CSU nicht beteiligt waren: die sozialliberale Koalition unter dem Hoffnungsträger Willy Brandt und dem liberalen »Reformer« Walter Scheel.

BILDUNG IST BÜRGERRECHT

Natürlich: Berühmt geworden ist die bald schon so genannte »Entspannungspolitik« der Regierung Brandt/Scheel. Weniger berühmt, aber ebenso wichtig ist jedoch, dass sich die neue Koalition auch innen- und gesellschaftspolitisch viel vorgenommen hatte und eine regelrechte *Bildungsrevolution* anstrebte. Treibend und innovativ waren dabei die Liberalen um den meist gut gelaunten, aber blitzgescheiten und strategisch klugen Walter Scheel, den brillanten Hochschullehrer und Soziologen Ralf Dahrendorf, die kämpferische bayerische Liberale Hildegard Hamm-Brücher und viele andere.

Schon seit 1964 wurde das bundesdeutsche Bildungs- und Ausbildungswesen leidenschaftlich diskutiert. Da war zum einen Georg Picht, der den Begriff der »Bildungskatastrophe«[6] prägte. Picht war Reformpädagoge und zeitweilig Schulleiter des Reform-Internats Birklehof in Baden-Württemberg. Er brachte den Begriff in einer Serie von Zeitungsartikeln in die Diskussion. In eine ähnliche Richtung ging das Buch *Bildung ist Bürgerrecht* von Ralf Dahrendorf von 1965.

Vor allem zwei große Themen prägten die Debatte. Da waren zum einen die strukturellen Schwächen des damaligen deutschen Bildungssystems und die Tatsache, dass in Deutschland nur vergleichsweise wenige Schüler auf das Gymnasium wechselten. Schon damals ging die Angst um, dass Deutschlands Wettbewerbsfähigkeit leiden könnte, wenn wir unser Bildungssystem nicht modernisieren würden. Es ging also darum, den Wohlstand des Landes langfristig zu sichern – und zwar durch Bildung breiter Bevölkerungsschichten. Und zum anderen ging es darum, jungen Arbeiterkindern und Kindern aus nicht privilegierten, sprich: bildungsfernen Schichten ein Hochschulstudium zu ermöglichen.

Kindern wie mir.

Es ist interessant, hierzu beispielsweise in den Lebenserinnerungen von Ralf Dahrendorf zu blättern.[7] Politiker wie Dahrendorf machten sich nicht nur Sorgen um die Wettbewerbsfähigkeit des Landes, sondern auch um die Demokratie, um mangelnde staatsbürgerliche Bildung der jungen Menschen. Für ihn und andere Liberale war der politische Streit um Erneuerung und um Reformen ein essenzieller Teil einer lebendigen Demokratie. »Eine Demokratie ist immer auf dem Weg zu sich selbst. Sie ist nie fertig«, so brachte es Walter Scheel als Bundespräsident 1977 auf den Punkt.[8] Der demokratische Diskurs, das Ringen um das bessere Argument und schlüssigere Konzept, war jedoch Ende der 60er-Jahre bedroht, so schien es. Wenn ich mir heute so manche hochgejazzte Debatte um politische Korrektheit und sogenannte *wokeness* anhöre, scheint mir die Gefahr wieder zurückgekehrt zu sein.

»Mehr Demokratie wagen«[9] war der Slogan, der aus Willy Brandts erster Regierungserklärung in Erinnerung geblieben ist. Was heute allerdings in Vergessenheit geraten ist: In der ersten Regierungserklärung der neuen sozialliberalen Regierung ging es vor allem darum, endlich überfällige Reformen anzupacken und dem wirtschaftlichen, technologischen und gesellschaftlichen Wandel ins Auge zu blicken. Ganz abgesehen von finanz- und außenpolitischen Herausforderungen.

Es hätte auch der Satz »Die Schule der Nation ist die Schule« ins kollektive Gedächtnis eingehen können. Oder die von Willy Brandt formulierte Wahrheit von den »schweren Störungen des gesamten Bildungssystems«. Eine wichtige Passage seiner berühmten ersten Regierungserklärung wies nämlich darauf hin, dass es bis dato nicht gelungen war, die vier Hauptsparten des Bildungswesens – Schule, Hochschule, Berufsausbildung und Erwachsenenbildung – »nach einer durchsichtigen und rationalen Konzeption zu koordinieren«.

Die neue Koalition aus SPD und FDP war sich im Klaren darüber, dass in Sachen Bildung endlich etwas geschehen musste. »Die Bildungspolitik kann und darf nicht mehr nach Ausbildungsstufen isoliert betrachtet werden. Bildung, Ausbildung und Forschung müssen als ein Gesamtsystem begriffen werden, das gleichzeitig das Bürgerrecht auf Bildung sowie den Bedarf der Gesellschaft an möglichst hochqualifizierten Fachkräften und an Forschungsergebnissen berücksichtigt. Grundlegende Reformen in Bildung und Forschung sind zugleich Bedingung für die zukünftige wirtschaftliche Wettbewerbsfähigkeit unseres Landes.«

Dieser Abschnitt ist für mich der wichtigste in Willy Brandts damaliger Regierungserklärung. Warum? Weil man ihn heute noch genauso vortragen könnte. Er ist zum politischen Dauerbrenner Deutschlands geworden.

Leider geriet der gesellschaftliche und vor allem der bildungspolitische Aufbruch der sozialliberalen Koalition bald ins Stocken. Zum einen verlor er sich im Gestrüpp des unseligen Bildungsföderalismus. Zum anderen geriet die Bildungspolitik ins Fahrwasser ideologischer Grabenkämpfe. Schönstes Beispiel ist die endlose Debatte um die *Gesamtschule*. Immerhin gelang es noch 1970, einen »Strukturplan für das deutsche Bildungs- und Erziehungswesen« vorzulegen. Und es wurde eine »Bund-Länder-Kommission für Bildungsplanung und Forschungsfragen« ins Leben gerufen.

Vieles von dem, was in diesen Jahren beschlossen und verändert wurde, ist heute Allgemeingut. Zum Beispiel, dass es vorschulische Bildung und Betreuung gibt. Dass die Pflichtschulzeit auf zehn Jahre ausgedehnt wird. Und dass auch das Gymnasium mit beruflicher Bildung verzahnt werden soll. Und dennoch: Bildung ist noch immer das politische Sorgenkind unseres Landes.

Wahrscheinlich war es das, was Helmut Schmidt damals bei meinem Gespräch mit ihm durch den Kopf ging.

BIONTECH RETTET MAINZ. UND WARUM KEVIN KÜHNERT GRUNDLEGENDE ZUSAMMENHÄNGE NICHT VERSTANDEN HAT

Bildung und Ausbildung ist ein Querschnittsthema, das ebenso weit in die Wirtschafts- wie in die Gesellschaftspolitik hineinragt. Wenn wir über wirtschaftlichen Erfolg, gelungene Start-ups oder ein erfolgreiches regionales Biotop von mittelständisch geprägten Unternehmen sprechen, dann reden wir nicht zuletzt über das, was das überhaupt ermöglicht, nämlich Bildung, Ausbildung und die nötigen *skills*. Kommunen oder Regionen können noch so viele Initiativen starten für digitale Businesses, Bio-Tech-Anwendungen oder KI-Hubs. Wenn es nicht genügend gut ausgebildete Leute gibt, dann werden viele wichtige Projekte scheitern.

Das Gleiche gilt für Unternehmen. Ich bin sehr glücklich darüber, dass das Unternehmen BioNTech seinen Sitz in Mainz hat, obgleich es an der New Yorker Börse notiert ist. Und es hat mich gefreut, dass es 2020 und 2021 gelang, in Rekordzeit eine große Impfstoffproduktion in Marburg aufzubauen. Das bedeutet nämlich, dass seine Gründer Uğur Şahin und Özlem Türeci und das Management von BioNTech genügend qualifizierte Mitarbeiterinnen und Mitarbeiter finden konnten, um ihre Hightech-Forschung, das schnelle Wachstum der Firma und die rasante Ausweitung der Produktion bewerkstelligen zu können. Allerdings gehört Mainz zu einer Metropolregion mit mehreren Millionen Menschen und mehreren großen Universitäten in S-Bahn-Reichweite. Leider kenne ich auch andere Berichte von Unternehmerinnen und Unternehmern, die nicht nur wegen überbordender Bürokratie und fehlenden Ansprechpartnern in Politik und Verwaltung ihre Ideen letztlich woanders verwirklicht haben. Sondern die ihre Pläne vor allem wegen eines eklatanten Mangels an geeigneten Mitarbeitern aufgegeben haben.

Soll heißen: BioNTech könnte mehr und mehr zu einer gefeierten Ausnahme in unserem Land werden, wenn wir nicht endlich gegensteuern. Was in der chemischen und pharmazeutischen Branche noch selbstverständlich zu sein scheint, nämlich genügend gut ausgebildeten Nachwuchs zu finden, gilt für andere Fachgebiete bereits nicht mehr. Im Januar 2022 meldete das *Handelsblatt*, dass bis 2023 Hunderttausende IT-Experten und Ingenieure sowie Lehrer fehlen könnten.[10] Und bei Facharbeitern, bei jungen Leuten, die eine duale Ausbildung absolviert haben – ich nenne sie die *Experten der Umsetzung* –, ist der Mangel schon jetzt sprichwörtlich. Unser Bildungssystem bildet zu viel am Bedarf vorbei aus und befähigt zu wenige junge Menschen, kluge Mitdenker und verantwortungsvolle Anpacker zu werden, die in anspruchsvollen Arbeitsabläufen bestehen können. Mehr dazu im vierten Kapitel.

Was ein innovatives Unternehmen für das Gemeinwesen, ja sogar eine ganze Stadt bedeuten kann – und *wie sehr Bildung, Forschung und Wohlstand zusammenhängen* –, zeigt das Beispiel BioNTech auch: Seit Mitte der 1980er-Jahre war die Landeshauptstadt Mainz hoch verschuldet. Für das Jahr 2021 rechneten die Haushälter der Stadt mit einem weiteren Minus von 36 Millionen Euro. Dank BioNTech kam es anders: Zum Jahresende hatte Mainz einen Überschuss in Höhe von rund einer Milliarde Euro in der Kasse. Und für 2022 rechnet Mainz mit einem Plus in Höhe von knapp 500 Millionen Euro. Durch den sensationellen Erfolg eines einzigen Unternehmens in einer Zukunftsbranche kann sich Mainz bis 2023 komplett entschulden und hat einen ausgewogenen Haushalt.[11] Darüber hinaus gab es dem Mainzer Oberbürgermeister Michael Ebling die Chance, die Hebesätze – also die Steuern – für ansässige Unternehmen zu senken. Der BioNTech-Erfolg kommt also der gesamten mittelständischen Industrie von Mainz zugute. Weitere Überschüsse will Ebeling in den Ausbau des Biotech-Clusters stecken.

Erinnert werden sollte in diesem Zusammenhang aber auch daran, dass die Anfänge von BioNTech in der *Universitäts- und Forschungslandschaft Deutschlands* liegen, konkret: in der Universität Mainz. Ohne die – unter anderem vom Bundesministerium für Bildung und Forschung geförderte – Grundlagenarbeit an der Uni Köln, der Uni Saarbrücken und vor allem der Uni Mainz würde es das Unternehmen BioNTech heute nicht geben. Uğur Şahin, Chef des 2008 gegründeten Unternehmens, war von 2001 an als Krebsforscher und Immunologe in Mainz tätig und wurde 2006 als Professor für experimentelle Onkologie an der III. Medizinischen Klinik der Universität Mainz berufen.

Beinahe noch aufschlussreicher ist die Erfolgsgeschichte seiner Frau, der Medizinerin Özlem Türeci. Ihr Forschungsschwerpunkt ist die Identifikation und Charakterisierung von tumorspezifischen Molekülen sowie die Entwicklung von Immuntherapien gegen Krebs. Türeci war Habilitations- und Heisenbergstipendiatin der Deutschen Forschungsgemeinschaft und wurde 2002 an der Uni Mainz im Fach Molekulare Medizin habilitiert. Sie ist, wie ihr Ehemann, eine Ausnahmewissenschaftlerin, die glücklicherweise nicht nur brillante Forschungen durchzuführen weiß, sondern darüber hinaus auch eine *unternehmerische Begabung* besitzt. Diese Kombination von wissenschaftlicher Exzellenz und Unternehmertum ist wegweisend. Menschen wie sie, die die Kräfte für eine Sache zu bündeln vermögen, begeistern mich.

Bevor sie und ihr Mann BioNTech aufbauten, war sie Gründerin und von 2008 bis 2016 auch CEO von Ganymed Pharmaceuticals – einem innovativen medizinischen Start-up, das immuntherapeutische Krebsmedikamente entwickelt. Türeci weiß nicht nur, wie man Tumorzellen bekämpfen kann, sondern auch, wie man viele Millionen Euro von Kapitalgebern dafür bekommt, neues Wissen in unternehmerischen Erfolg umzuwandeln. Ihre Firma Ganymed Pharmaceuticals ist auch ein Beispiel dafür, wie unentbehrlich mittelständische Unternehmer sind, wenn es um die Weiterentwicklung der deutschen Unternehmenslandschaft geht. Denn es waren vor allem die Brüder Andreas und Thomas Strüngmann und ihre Beteiligungsfirma, die das Geld für den Aufbau von Ganymed Pharmaceuticals gaben, nachdem sie ihre Medikamentenfirma Hexal verkauft hatten. Mittlerweile gehört Ganymed zu einem japanischen Pharma-Riesen. Allerdings ist der Sitz dieses innovativen Unternehmens immer noch Mainz und gehört dort zum Bio-Tech-Cluster wie seine große Schwester BioNTech – oder auch das Unternehmen Mainz Biomed, das im Herbst 2021 ebenfalls an die New Yorker Börse NASDAQ gegangen ist. Vielleicht die nächste Erfolgsstory.

BioNTech, Mainz Biomed, Ganymed Pharmaceuticals hin, Drägerwerk, Jenoptik oder Krones AG her. Seien wir ehrlich zu uns selbst: Eine Schwalbe macht noch keinen Sommer. Soll heißen: Ein halbes Dutzend erfolgreicher Hightech-Cluster wie das in meiner Heimatregion sind zwar hoch erfreulich und beispielhaft. Aber sie können nicht überdecken, dass Deutschland den technologischen und unternehmerischen Wandel zu langsam anpackt. Dass die gesellschaftliche Stimmung zu unternehmerfeindlich ist. Dass das Bildungsniveau vielerorts mangelhaft ist und wir als Nation und als Volkswirtschaft große Probleme in der Breite haben.

Anders gesagt: Wir haben heute wieder eine Bildungskrise. Wie zu Zeiten von Walter Scheel, Ralf Dahrendorf und Willy Brandt Ende der 60er-Jahre. Und wieder geht es dabei um die *Wettbewerbsfähigkeit* Deutschlands, um *Chancengerechtigkeit*, um Teilhabe und die *Förderung* einer Vielzahl von Talenten. Diese Situation möchte ich mit diesem Buch in ihrer Dringlichkeit in Erinnerung bringen.

Der Bildungsbericht 2020 weist ausdrücklich darauf hin, dass seit 2013 Jahr für Jahr wieder mehr Jugendliche die Schule ohne einen (Haupt-)Schulabschluss verlassen. Die Quote derer, die ohne irgendeinen Abschluss die zehn Jahre Schulpflicht beenden, lag zu Beginn dieses Jahrzehnts schon wieder bei 6,8 Prozent. Tendenz steigend. Die Schulschließungen und Lockdown-Phasen in der Corona-Krise haben dem Bildungsniveau unter jungen Leuten schweren Schaden zugefügt, wie wir wissen. Bei einem wachsenden Teil der Schülerschaft gelingt es also nicht, ein Mindestniveau im Erwerb von Basiskompetenzen und Abschlusszertifikaten sicherzustellen.

Auch wichtige andere Themen, die mal mehr und mal weniger mit dem Querschnittsthema Bildung zusammenhängen, dürfen nicht länger verdrängt werden. Die abgewählte Große Koalition hat beispielsweise den Weg in die Demografiefalle unverdrossen weiter beschritten: Bis 2030 dürften aufgrund der Alterung der deutschen Gesellschaft und mangelndem Nachwuchs mehr als eine Million Fachkräfte in Industrie und Dienstleistungen fehlen – von Lehrern über IT-Experten bis hin zum ohnehin vulnerablen Gesundheitssektor. CDU, CSU und SPD haben sich diesem Thema nicht nur verweigert, sondern munter weitere Rentenzusagen gemacht, die es zukünftigen Generationen noch schwerer machen werden, die Herausforderungen ihrer Epoche anpacken zu können. Stichwort Rentenformel, Stichwort Mütterrente.

WARUM ICH SOZIALDEMOKRAT WURDE – UND WARUM ICH JETZT MITGLIED DER FDP BIN

Ich bin ein Überzeugungsmensch. Und ich war schon immer ein Sozialliberaler. Ich habe in meinem Leben noch nie damit hinter dem Berg gehalten, was meine Überzeugungen anbelangt sowie mit meinen Werten, die ihnen zugrunde liegen.

Schon immer schlug mein Herz für die sogenannten kleinen Leute – für das Milieu, aus dem ich selbst komme. Dort gibt es viele gute, geradlinige Typen, die anpacken und einen guten Job machen wollen – und dafür gutes Geld und Anerkennung erwarten, und zwar zu Recht. Gleichzeitig war ich immer für Leistungsgerechtigkeit. Durch meine Herkunft, meinen Bildungs- und Berufsweg war es folgerichtig, dass ich in die SPD eintrat. Allerdings war ich nie ein Gegner von Menschen, die etwas *unternehmen*, etwas riskieren, die ihr Schicksal selbst in die Hand nehmen wollen und ihre Komfortzone verlassen. Unternehmer sind Menschen, die eine Idee für ein Produkt der eine Dienstleistung haben und diese Idee verwirklichen wollen. Oft unter Inkaufnahme persönlicher Entbehrungen und Risiken. Und die, wenn sie Erfolg haben, den Wohlstand von uns allen mehren und Arbeitsplätze schaffen. So wie Dietmar Hopp, Hasso Plattner und die anderen Gründer des Weltkonzerns SAP, deren Erfolg für sich steht – den sie aber nicht egoistisch für sich alleine beanspruchen, sondern vorbildlich und höchst engagiert dafür nutzen, in Bildung zu investieren. Um dadurch die Zukunftschancen ihrer Heimatregion und diejenigen ganz Deutschlands zu erhöhen. Mehr dazu in den Kapiteln 3 und 4 dieses Buches.

Freiheit *und* sozialer Ausgleich, Unternehmertum *und* Arbeitnehmerrechte waren und sind mir wichtig.

Wir sollten aufhören, darüber nachzudenken, wie man den Erfolgreichen in unserer Gesellschaft das Leben schwer machen kann, wie man »den Reichen«, von denen andauernd die Rede ist, möglichst noch mehr Verdienst und Vermögen wegbesteuern kann. (Die Ironie ist, dass der Spitzensteuersatz mittlerweile nicht wenige Facharbeiter trifft.) Missgunst ist kein Politikentwurf, Neid auch nicht. Denn: Wir werden die Schwachen nicht stärken, indem wir die Starken schwächen. Stattdessen sollten wir wieder mehr darüber nachdenken, wie wir möglichst viele befähigen, selbst erfolgreich zu sein. Wir sollten über die Rahmenbedingungen für Gründer und Selbstständige nachdenken, über Starthilfen und Erleichterungen.

Doch leider hat sich die SPD seit 2009, seit dem Jahr, in dem ich Schatten-Wirtschaftsminister war, Schritt für Schritt nach links bewegt. Die SPD, in die ich eingetreten war, die gibt es nicht mehr. Diese Partei war damals die SPD eines Helmut Schmidt, eines Johannes Rau, eines Otto Schily.

Schon für die andauernde Distanzierung vieler führender SPD-Politiker von der eigenen Regierungsarbeit der Jahre 1998 bis 2009, vor allem der notwendigen Reformen in der Sozialpolitik (»Hartz-Reformen«) unter dem SPD-Kanzler Gerhard Schröder, hatte ich kein Verständnis. Schließlich häuften sich Äußerungen führender Genossen, die eher an eine sozialistische denn an eine sozialdemokratische Partei denken ließen. Höhepunkt waren die Auslassungen des damaligen Juso-Chefs Kevin Kühnert, der davon schwadronierte, dass große deutsche Unternehmen wie BMW oder Siemens verstaatlicht werden sollten. Auf die Frage, wie er sich Sozialismus vorstelle, sagte Kühnert der Wochenzeitung *Die Zeit*: »Ohne Kollektivierung ist eine Überwindung des Kapitalismus nicht denkbar.« Auch den Besitz von Immobilien in Deutschland würde er beschränken, wenn er könnte. Die »Profite« großer Unternehmen wolle er dadurch »demokratisch kontrollieren«. Das, so Kühnert, schließe aus, »dass es einen kapitalistischen Eigentümer dieses Betriebes gibt«.[12]

Nun: Ich sehe Kevin Kühnert seine jugendliche »Kapitalismuskritik« nach. Profilierung gehört zum Geschäft. Allerdings vergisst er zum Beispiel die sozialdemokratische Errungenschaft der betrieblichen Mitbestimmung. Was es dazu zu sagen gab, habe ich 2019 der Presse gegenüber gesagt.[13] Als Präsidiumsmitglied des SPD-Wirtschaftsforums habe ich eindringlich vor dieser Art Populismus gewarnt. Denn an solchen Auslassungen ist ziemlich viel falsch. Das Demokratieverständnis. Das Verständnis von wirtschaftlichen Zusammenhängen. Und es offenbart eine erschreckende Unkenntnis, woher eigentlich die »Profite« kommen, die viele Linke nach eigenem Gutdünken »verteilen« wollen. Es lässt erkennen, dass im linken politischen Spektrum der Zusammenhang von wirtschaftlicher Prosperität, Innovationsfähigkeit und den sozialen Sicherungssystemen immer noch nicht verstanden wurde. Kühnerts Vorschlag von 2019 würde ironischerweise viele Sozialdemokratinnen und Sozialdemokraten selbst treffen, die zum Beispiel für die Altersversorgung die letzten Jahre eine Wohnung zur Vermietung erworben haben oder die für ihre private Rentenversicherung in Aktien sparen.

Was mir wichtig ist: In einer Welt, in der Unternehmer dämonisiert und grundsätzlich verdächtigt werden, sich auf Kosten anderer zu bereichern, wird es große unternehmerische Durchbrüche und Erfolgsstorys wie die von Uğur Şahin und Özlem Türeci nicht geben. Denn vor dem Verteilen, dem »Wegbesteuern« und Enteignen steht das unternehmerische Handeln, das Risiko, das Investieren – und verdammt viel Arbeit ohne Erfolgsgarantie. Anders gesagt: Es hat einen Grund, warum die DDR ein zunehmend armes Land war, dessen Industrie vor die Hunde ging – und die Umwelt gleich mit. (Übrigens, obwohl sie über ein vergleichsweise gutes Bildungssystem verfügte – sieht man einmal von der politischen Indoktrination ab.)

Allerdings: Kapitalismuskritische Linke stellen heute den tonangebenden Mainstream in der SPD dar. Kevin Kühnert wurde auf dem Parteitag am 6. und 7. Dezember 2019 zum stellvertretenden Parteivorsitzenden gewählt. Mittlerweile ist er sogar Generalsekretär der SPD. Erinnert werden muss auch daran, dass sich die Parteilinken Saskia Esken und Norbert Walter-Borjans, die nicht zu Unrecht als die Kandidaten des Juso-Vorsitzenden galten, deutlich gegen Olaf Scholz und Klara Geywitz durchsetzen konnten. Spätestens Ende 2019 musste ich mir deshalb eingestehen, dass ich schon seit geraumer Zeit in der falschen Partei war – und trat nach 31 Jahren aus der real existierenden SPD aus. Es wundert mich nicht, dass sogar ehemalige Ministerpräsidenten und Bundesminister der SPD wie Wolfgang Clement diesen Schritt schon vor mir vollzogen haben.

Nach meinem Austritt aus der SPD nahm ich mir zwei Dinge vor: Ich wollte mich weiterhin politisch betätigen und einbringen. Und weiterhin für die Dinge, die mir am Herzen liegen, kämpfen. Ich verordnete mir eine Phase der Selbstprüfung und Beobachtung der politischen Landschaft. Dass ich schließlich recht schnell eine neue politische Heimat gefunden habe, das verdanke ich Jochen Kienbaum. Dafür müssen wir einige Jahre zurückblicken.

Anfang 2014 fädelte Kienbaum, der deutsche Personalvermittlungspapst, ein Treffen mit Christian Lindner in Düsseldorf ein. Lindner war Ende 2013, nach dem existenzbedrohenden Abschneiden der FDP bei der Bundestagswahl, zum Vorsitzenden seiner Partei gewählt worden. Seit Mai 2012 war er Fraktionsvorsitzender der FDP im nordrhein-westfälischen Landtag. Dort lag sein Macht- und Arbeitszentrum, und dort traf ich ihn.

Mich beunruhigte damals nach wie vor, dass die FDP nicht mehr im Deutschen Bundestag vertreten war. Aus diesem Grund habe ich auch den Kontakt zu Lindner gesucht, den ich zu diesem Zeitpunkt nicht persönlich kannte. Mich beschäftigte die schwere Krise der Freien Demokraten aus zwei Gründen: Einerseits ganz grundsätzlich, weil ich schon damals der Meinung war, dass Deutschlands politische Kultur Schaden nehmen würde, wenn es keine Liberalen mehr im deutschen Parlament gäbe. Das Thema Freiheit mit allen seinen Aspekten ist einfach zu wichtig, um es als Leerstelle in der politischen Auseinandersetzung links liegen zu lassen. Andererseits war nicht nur mir, sondern einer Reihe von führenden Sozialdemokraten klar, dass es letztlich irgendwann auch der SPD schaden könnte, wenn die FDP verschwinden würde. »Kümmere dich um die FDP«, sagte nicht nur einmal die damalige SPD-Generalsekretärin Andrea Nahles zu mir, die ich aus früherer rheinland-pfälzischer

Zeit gut kannte – und deren politisches Talent im Übrigen viel zu oft unterschätzt wurde. Und sie ergänzte: »Wir brauchen diese Brücken für spätere mögliche Koalitionen, die Zeiten, wo es für zwei Parteien reicht, werden schwieriger, wenn die SPD mal wieder den Kanzler stellen will.« Wie richtig diese grundsätzliche, parteistrategische Überlegung war, bewies die Situation nach der Bundestagswahl 2021: Olaf Scholz konnte die Wahl mit einer eigentlich desorientierten SPD knapp für sich entscheiden, brauchte aber die wiedererstarkte und zu Recht selbstbewusste FDP, um ein neues politisches Bündnis zu schließen.

Was 2014 als kurzer Meinungsaustausch gedacht war, entwickelte sich zu einem langen Gespräch, dem weitere folgten. Natürlich war Christian Lindner anfangs reichlich überrascht (und verständlicherweise auch ein wenig misstrauisch), dass sich ein Sozialdemokrat wie ich, der noch kurz vorher im Schattenkabinett des SPD-Kanzlerkandidaten gesetzt war, das Gespräch mit ihm suchte und im Rahmen seiner Möglichkeiten auch Hilfe anbot. Doch Linder merkte schnell, dass ich es ehrlich meinte und meine redlichen Absichten unverkennbar waren. Weitere Gespräche folgten, die sich mehr und mehr zu einem fortwährenden inspirierenden Gedankenaustausch entwickelten. Dabei ist meine Achtung vor der Art und Weise, wie er die Herkulesaufgabe, die er zwischen 2013 und 2017 zu bewältigten hatte, stetig gestiegen. Ich konnte es im Übrigen gut verstehen und fand es auch klug und richtig, dass Lindner sich 2017 nicht erneut von Merkel in eine Koalition hat ziehen lassen, in der der FDP von Anfang an die Rolle des fünften Rades am Wagen zugedacht war. Für Entscheidungen dieser Art brauchte man Rückgrat, wie man am Geheul der mit den Grünen sympathisierenden Presse nach dem Scheitern der »Jamaika«-Sondierungen sehen konnte.

Das Ergebnis dieses stetig fortgeführten Gedankenaustauschs mit Christian Lindner führte letztlich zu dem Ergebnis, dass ich Mitglied der FDP wurde. Rückblickend kann ich mich nicht mehr genau daran erinnern, wer diese Idee als Erster formuliert hat. In meiner Erinnerung war es eine logische Konsequenz auf Basis eines gemeinsamen Verständnisses und Vertrauens, die sich wie von selbst in den Gesprächen entwickelt hatten. Klingt seltsam, zugegeben, fühlte sich aber völlig harmonisch und unaufregend an, damals – und sagt bei Licht betrachtet viel über meine weit fortgeschrittene Entfremdung von der SPD aus.

Die FDP, das wurde mir in diesen Wochen sehr bewusst, ist schon seit Jahren jene Partei, die für eine Erneuerung des Aufstiegsversprechens eintritt – und eine Mittelstands-, Wirtschafts- und Finanzpolitik betreibt, die voll und ganz meinen Vorstellungen entspricht. Und darüber hinaus eine weit gefasste Bildungspolitik macht, die zu meinen Herzens- und Lebensthemen gehört.

Seit Anfang März 2020 bin ich mit großer Überzeugung Freier Demokrat. Dass die FDP eine Partei von liberal gesinnten Menschen ist, zeigte sich daran, wie offen ich empfangen wurde. Ich konnte vom Start weg mit Daniela Schmitt, die inzwischen Wirtschaftsministerin in Rheinland-Pfalz ist, und Johannes Vogel, heute Erster Parlamentarischer Geschäftsführer der FDP-Bundestagsfraktion, eine Projektgruppe zum Thema »Sozialer Aufstieg« leiten, die für den anstehenden Bundesparteitag neue Ideen formuliert hat. Ihr thematischer Fokus: die Verstärkung der Aufstiegschancen in der Gesellschaft zur Sicherung der wirtschaftlichen Situation des Landes. Und dass ich noch im gleichen Jahr auf einem Sonderparteitag meiner Partei die Nachfolge von Hermann Otto Solms antreten durfte und zum Schatzmeister der FDP gewählt wurde, macht mich einfach nur stolz.

DIE ROLLE MEINER PARTEI IN DER NEUEN REFORM-KOALITION

Auch wenn ich mittlerweile überzeugtes Mitglied der FDP bin: Natürlich habe ich die Brücken zur SPD nicht abgebrochen. Ich bin ja auch mit führenden Mitgliedern der CDU, der CSU oder den Grünen seit Jahren in regelmäßigem Meinungsaustausch. Ich finde, das sollte sich unter Demokraten auch so gehören. Über Differenzen, auch über unüberbrückbare Sichtweisen kann man sachlich sprechen und sie benennen, ohne sich deshalb persönlich gegenseitig ablehnen zu müssen. Diese Offenheit hat mich immer bereichert und auch herausgefordert. Und natürlich war sie auch bei den Koalitionsverhandlungen Ende 2021 hilfreich.

Wenn ich mir die politische Gemengelage der noch jungen *20er-Jahre* ansehe und ganz konkret die neue Reformkoalition, die bis 2025 und vielleicht darüber hinaus regieren wird, dann ist klar, dass die FDP vom Wähler den Auftrag bekommen hat, klassische rot-grüne Klientelpolitik zu verhindern und darauf zu achten, dass Olaf Scholz nicht von seiner eigenen Linken und den sehr weit links stehenden jüngeren Grünen zu wirtschaftsfeindlicher und unsolider Politik genötigt wird.

Dass das kein einfaches Unterfangen wird, zeigt schon ein Blick in den neuen Bundestag: Es sitzen viele vor allem junge Linke in der neuen SPD-Fraktion. In der öffentlichen Wahrnehmung kommen sie so gut wie nicht vor, sie verschwinden praktisch hinter Olaf Scholz – seiner Seriosität und Regierungserfahrung. Ich glaube, das ist ganz normal. Auch junge »Wilde«, die kapitalismuskritisch sind, haben ein Recht auf eine Lernkurve nach oben. Die Rolle der bürgerlichen, der wirtschafts- und finanzpolitischen Vernunft, aber auch der bürger*rechtlichen* Vernunft fällt in der neuen Ampelkoalition der FDP zu. Das ist eine Tatsache, an die wir uns in den kommenden Jahren noch öfters werden erinnern müssen. Interessant finde ich, dass nicht wenige Wählerinnen und Wähler das offensichtlich ähnlich gesehen haben. Eine besondere Genugtuung war es für mich, dass viele *Jung- und Erstwähler* verstanden haben, dass eine sozialistisch-linksgrüne Regierungskoalition weder gut für die Zukunftsaussichten ihrer Generation noch gut für unser Land gewesen wäre.

NEUE CHANCEN FÜR ALLE. WIR MÜSSEN DEM KOALITIONSVERTRAG LEBEN EINHAUCHEN

Meine Partei ist seit kurzem Regierungspartei. Der Koalitionsvertrag trägt den Titel »Mehr Fortschritt wagen«. Es ist nicht zufälligerweise eine Anspielung an den berühmten Satz von Willy Brandt, den er in seiner ersten Regierungserklärung im Oktober 1969 gesagt hat: »Mehr Demokratie wagen«. Unser Land muss freier, nachhaltiger, digitaler, moderner und wettbewerbsfähiger werden. Künstliche Intelligenz, Blockchain-Technologie und Biotech-Innovationen sind nicht nur die Felder, auf denen die Siemens, Daimler und Bosch des 21. Jahrhunderts gedeihen. *Hoffentlich.* Disruptive Innovationen werden unser Leben, vor allem aber unsere Wirtschaft weiterhin verändern. Bereiten wir uns also darauf vor.

In den Koalitionsverhandlungen, so anstrengend sie auch waren, haben sich die drei Partner darauf verständigt, unser Land zu modernisieren und Trendwenden einzuleiten: mehr Technologieoffenheit, schnellere Digitalisierung, neue Aufstiegschancen. Vor allem aber: Bildung und Chancen für alle. Es soll endlich Schwung in dieses Querschnittsthema kommen. Unter anderem soll ein *Bildungsgipfel* einberufen werden. Ziel ist es, dass sich Bund, Länder, Kommunen, Wissenschaft und Zivilgesellschaft über neue Formen der Zusammenarbeit und gemeinsame ambitionierte Bildungsziele verständigen.

Die öffentlichen Bildungsausgaben sollen spürbar steigen. Was mir besonders gefällt: Es gibt auch *Best-Practice-Beispiele*, denen die neue Bundesregierung folgen will. Zum Beispiel dem Vorbild der Talentschulen in NRW. Dort werden Kinder in der Schule gezielt unterstützt, um soziale Nachteile auf diese Weise auszugleichen. Oder das von Andreas Pinkwart, dem Minister für Wirtschaft, Innovation, Digitalisierung und Energie des Landes Nordrhein-Westfalen, strategisch betriebene Zusammendenken von Innovations-, Bildungs- und Wirtschaftsförderung, das sich an manchen Stellen wie eine Blaupause für Bundesbildungs- und Forschungsministerin Bettina Stark-Watzinger ausnimmt. Dazu später mehr. Pinkwart, seit 2017 Landesminister, ist einer jener Politiker, von denen unser Land deutlich zu wenige hat: ein erfahrener Grenzgänger zwischen Wissenschaft, Wissenschaftsmanagement und exekutivem politischen Gestalten. Mir hat schon sein Wirken als Wissenschaftsminister zwischen 2005 und 2010 im Kabinett von Jürgen Rüttgers imponiert. Ich hoffe, die Bundesländer ziehen bei der Ausweitung des Modells Talentschule mit – denn sie haben beim Thema Bildung an vielen Stellen das letzte Wort. Jedenfalls hat die neue Regierung ein Kooperationsgebot an die Länder ausgesprochen.

Ich will hier nicht den Koalitionsvertrag herunterbeten, der Ende 2021 vereinbart wurde. Es stecken vielversprechende Details darin: Die frühkindliche Bildung soll gestärkt werden. Das BAföG soll elternunabhängiger gemacht und das duale System der beruflichen Ausbildung gestärkt werden. Und es wird ein »Lebenschancen-BAföG« geben, das selbstbestimmte Weiterbildung auch jenseits berufs- und abschlussbezogener Qualifikation ermöglichen soll.

»Beste Bildung«: Der Slogan meiner Partei meint viel mehr als nur modernen Schulunterricht und gute Universitäten.

Auch deshalb lege ich diesen Essay in Buchform vor: »Mehr Fortschritt wagen« bedeutet »Chancen für alle« – das Bildungsthema ist und bleibt das kluge Geschwisterchen von Ludwig Erhards epochalem Erfolg, der sozialen Marktwirtschaft. Und seinem Schlachtruf »Wohlstand für alle«.

Die Themen, die mir am Herzen liegen und um die es in diesem Buch geht, werden endlich wieder ernst genommen: *Bildung* als Voraussetzung für sozialen Aufstieg, die *soziale Marktwirtschaft* als Möglichkeitsfeld einer offenen *Chancengesellschaft*. Ich hoffe, dass Deutschland die Chance auf bessere Bildung beim Schopfe packt. Denn nur so wird unser Land fit für die Herausforderungen des kommenden Jahrzehnts.

Nur so werden wir *zukunftsfest*.

Ich hoffe vor allem, dass die neue Regierung in der Strecke weiter kommt als die sozialliberale Koalition Anfang der 1970er-Jahre – und die rot-grüne Koalition um die Jahrhundertwende (siehe dazu die folgenden Seiten). Und dass *Unternehmer* in Deutschland *wieder mehr gewürdigt werden*. Zum Beispiel Dieter Schwarz, Inhaber und strategischer Kopf der international erfolgreichen Schwarz-Gruppe mit den Marken Kaufland, Lidl, PreZero und Schwarz Produktion. Dieter Schwarz investiert seit Jahren sehr viel Geld rund um Heilbronn, seine Heimat. Auch dazu später mehr. Aber es sind keineswegs nur die ganz Großen, von denen zu reden sein wird. Von den vielen Mittelständlern oder Gründern kleiner Betriebe und Start-ups. Sie alle sind Menschen, die den Wohlstand des Nachkriegsdeutschlands maßgeblich mitermöglicht haben. Heute haben viele von ihnen Stiftungen und Förderorganisationen, die sich – wen wundert's – oft der Bildungs- und Wissenschaftsförderung sowie wegweisenden sozialen Projekten verschrieben haben. Oft in der Region, aus der sie kommen – siehe Dieter Schwarz. Vom Beitrag deutscher Unternehmer und ihrer Förderorganisationen wird später noch zu reden sein.

Wohlstand und gesellschaftlicher Fortschritt sind ohne gute Bildung und Ausbildung nicht denkbar. Das wusste Helmut Schmidt genauso wie Ralf Dahrendorf – die übrigens beide nach dem Krieg in derselben Hochschulgruppe in Hamburg ihre politischen Karrieren begonnen haben.

Der eine wurde zur Leitfigur der pragmatischen, wirtschaftsfreundlichen Sozialdemokratie. Der andere zum klugen Vordenker einer modernen FDP und zum herausragenden Wissenschaftsorganisator.

Und beide sind und bleiben Vorbilder für mich.

02

DIE 20ER-JAHRE DES 21. JAHRHUNDERTS WARTEN AUF UNS. WIR SOLLTEN UNS NICHT WEITER VERSPÄTEN

DIE MISSVERSTANDENE »AGENDA 2010«

Am 27. September 1998 endete für Deutschland das 20. Jahrhundert. Zumindest politisch.

Es ist der Tag der Bundestagswahl. Helmut Kohl, 16 Jahre lang Bundeskanzler, verdienstvoll als »Kanzler der Einheit«, aber zusehends unfähig, auf die Herausforderungen einer neuen Zeit politisch-gestalterisch zu reagieren, verlor die Wahl mit 35 Prozent für die Union als schlechtestem Ergebnis seit 1953. Es war das erste und bislang auch einzige Mal, dass eine amtierende Bundesregierung komplett abgewählt wurde.[14] Gerhard Schröder, Ministerpräsident von Niedersachsen, überzeugte durch seinen Elan – und gleichzeitig dadurch, dass er versprach, das Kind sozusagen nicht mit dem Bade auszuschütten: »Wir werden nicht alles anders machen, aber wir werden es besser machen.« Schröder selber bezeichnete diesen überaus erfolgreichen Wahlkampfslogan in seinen Erinnerungen als Illusion und fügte an: »Die Wirklichkeit holte uns schneller ein, als es uns lieb war.«[15] Rot-Grün und ihre beiden charismatischen Spitzenpolitiker Gerhard Schröder und Joschka Fischer überzeugten die Wähler. Vor allem wollten die Wähler, dass Helmut Kohl endlich abtrat: Kohl verlor trotz Amtsbonus über sechs Prozent an Stimmen, während die SPD trotz innerparteilicher Streitereien (Lafontaine, Scharping, Schröder und andere) 4,5 Prozent hinzugewann – dank Schröders Charisma. Es ist wie bei der jüngsten Wahl 2021: Die Menschen hatten nach 16 Jahren einfach genug.

In der Rückschau würde ich Schröder recht geben: Deutschland ist nach seinen sieben Jahren Amtszeit zukunftsfähiger, beweglicher, moderner geworden.[16] Die Reformmaßnahmen der »Agenda 2010« haben Verkrustungen in der Gesellschaft aufgebrochen.

Bis zum Ende seiner ersten Amtszeit wurden die Ausgaben für Bildung und Forschung jedes Jahr erhöht. Auch die BAföG-Sätze für

Studierende wurden spürbar angehoben. Wichtiger noch als die Erhöhung des Bildungsetats war die finanzielle Förderung einer »guten und bedarfsgerechten Kinderbetreuung«. Schröder wollte bewusst auch an der Basis der Bildungspyramide ansetzen. Oder wie es sein Biograf Gregor Schöllgen formulierte: »Unten kennt er sich aus. Da ist er gewesen.«[17]

Ich habe Gerhard Schröder auch deshalb für einen guten Bundeskanzler gehalten, weil er das Thema Bildung immer zusammengedacht hat mit dem Thema *Chancengerechtigkeit*. Ihm – wie mir – sind diese Themen eine Herzensangelegenheit.

Fast tragisch zu nennen ist es, dass bei der berühmten »Agenda 2010« von Anfang an der Wurm drin war. Es begann schon damit, dass das Reformprogramm letztlich falsch vermittelt wurde. Denn es zielte eigentlich nur am Rande auf die Sozialpolitik:

> *»Wir haben dieses riesige Reformwerk geschultert, um uns Luft zu verschaffen für Investitionen in Bildung, Forschung, Innovation und damit in die Zukunftsfähigkeit unseres Landes.«*[18]

Hurra! Genau das hätte Deutschland benötigt. Und zwar nachhaltig. Mit einem Masterplan über Jahre hinweg. Mit einer offensiv eingeforderten Beteiligung der Bundesländer, bei welchen ja die Bildungshoheit lag und mehr denn je auch heute liegt. Schröder, der Bildungsaufsteiger, hatte sehr genau verstanden, dass die Wettbewerbsfähigkeit Deutschlands gelitten hatte. Und dass es nur eine Kur gab: bessere Bildung, mehr gut ausgebildete Hochschulabsolventen, ein Nachsteuern bei der berufsbegleitenden Ausbildung. Die Parole war, dass sich die Rahmenbedingungen für Bildung verbessern sollten, dass man Unternehmen dafür an einigen Stellen das Leben erleichtern musste und generell für mehr Chancengerechtigkeit sorgen wollte.

Also wurde die Handwerksordnung liberalisiert und Betriebsgründungen auch ohne Meisterbrief möglich gemacht. Auszubildende können seither unter bestimmten Bedingungen auch von Gesellen ausgebildet werden. Und es wurde ein Förderprogramm für Jugendliche beschlossen. Vieles davon erleichterte das Leben der mittelständischen Industrie, dem Rückgrat der deutschen Wirtschaft. Darüber hinaus gab es mehr Chancen für junge Menschen aus Elternhäusern und Milieus, die im Allgemeinen als »bildungsfern« bezeichnet werden.

Wie wir alle wissen, wurde die »Agenda 2010« anders diskutiert. Und so lange zerredet, bis sie zu einem historischen Zankapfel wurde, der weniger für bessere Bildung, dafür umso mehr für böses Blut gesorgt hat, letztlich auch für das vorzeitige Aus der Regierung Schröder. Er wurde schlicht vom linken Flügel seiner eigenen Partei im Stich gelassen.

In der Sache aber lag Schröder völlig richtig. Auch deshalb habe ich mich von der Wahlschlappe 2009 nicht entmutigen lassen und 2011 die Idee eines »Nationalen Pakts für Exzellenz« in der Bildung gefordert.[19]

BILDUNGSREPUBLIK DEUTSCHLAND?

Obwohl Schröders Nachfolgerin Angela Merkel in ihrer ersten Regierungserklärung Schröders »Agenda 2010« ausdrücklich lobte und ihm »ganz persönlich« dafür dankte, »dass er mit seiner ›Agenda 2010‹ mutig und entschlossen eine Tür aufgestoßen hat, eine Tür zu Reformen«, war sie nicht in der Lage, sein Reformwerk fortzuführen und weiterzuentwickeln.[20] Das mag auch an der SPD gelegen haben. Aber eben vorrangig an der mangelnden Strategiefähigkeit Merkels.

Merkels eigene Versuche, das Querschnittsthema Chancengerechtigkeit, Bildungsförderung, Innovationsförderung und Wettbewerbsfähigkeit anzupacken, scheiterten. Und zwar deutlich kleinlauter als Schröders »Agenda 2010« – von deren Maßnahmen und Reformanstrengungen Merkel viele Jahre profitiert hat. Im Juni 2008 hielt sie die Festrede auf der Veranstaltung »60 Jahre Soziale Marktwirtschaft«. Dort lehnte sie sich weit zum Fenster hinaus und erklärte, Bildungspolitik sei jetzt Chefsache. Die Begründung war durchaus einleuchtend: »Bildung für alle – das schafft die Voraussetzungen dafür, dass wir genügend Facharbeiter, Ingenieure und Wissenschaftler haben, um die besten Produkte der Welt entwickeln und verkaufen zu können. Bildung für alle – das schafft die Voraussetzungen dafür, dass mehr Menschen Arbeit haben und Spielräume gewinnen, sodass wir ohne neue Schulden eine soziale Absicherung für Alter und Krankheit für jeden ermöglichen können.«

Weiter erklärte sie: »Wohlstand für alle heißt heute und morgen: Bildung für alle. Unser Land muss sich darauf in allen Bereichen vorbereiten. Ich selbst werde mich auch ganz persönlich dieser Sache annehmen, unter anderem mit einer Bildungsreise durch die Bildungsrepublik Deutschland – vom Kindergarten bis zur Seniorenfakultät, von der Berufsschule bis zu privaten Elterninitiativen, in Gesprächen mit Experten und Bürgern. Dies wird münden in einen nationalen Bildungsgipfel, den wir zusammen mit den Bundesländern im Oktober dieses Jahres durchführen wollen.«[21]

Nach besagtem Bildungsgipfel im Oktober 2008, er fand in Dresden statt, ist jedoch leider nicht mehr viel passiert. Den langen Atem, das Vom-Ende-her-Denken, das ihr zugeschrieben wurde, hat sie nicht eingelöst. Und einen längerfristigen Plan hat sie in 16 Jahren Kanzlerschaft auch nicht verfolgt.

Nun, das ist verschüttete Milch. Wir dürfen uns davon nicht entmutigen lassen. Denn das 21. Jahrhundert wartet nicht auf uns. In Asien und auch in den USA hat es längst begonnen. Wir sollten uns also nicht noch weiter verspäten.

Mit der neuen Regierung, die sich zum ersten Mal in einer Dreierkoalition von sehr unterschiedlichen Partnern zusammengefunden hat, hat sich ein weiteres Mal eine Tür geöffnet, durch die wir hindurchgehen sollten. Dahinter ist ein *Raum der Möglichkeiten*, um in Sachen Bildung, Chancen, Aufstieg und Integration einen großen Schritt voranzukommen.

EIN EX-MINISTER, DER ALS PIZZABOTE ARBEITET

So wie es momentan ist, kann es jedenfalls nicht bleiben. Beispiel: die Integration von Flüchtlingen. Es macht einfach keinen Sinn, nicht genauer hinzuschauen und stur nach »Schema F« vorzugehen. Offensichtlich gibt es nicht wenige Migranten in Deutschland, die aus sehr unterschiedlichen Gründen keinen – oder keinen endgültig geklärten – Aufenthaltstitel besitzen und deshalb auch keine Chancen auf Aus- und Fortbildung bekommen. Noch schlimmer sind jene Fälle, in denen Zuwanderer gute Qualifikationen mitbringen oder wertvolle Berufserfahrung nachweisen können, die aber hierzulande nicht anerkannt werden.

Einer der bizarrsten Fälle, von denen ich gehört habe, ist der von Sayed Ahmad Shah Sadaat. Er war eine Zeit lang afghanischer Kommunikationsminister und unter anderem für den Ausbau des Handynetzes in Afghanistan verantwortlich. Ende 2018 verlor er seinen Job. Nach eigener Aussage wollte er sich nicht an korrupten Machenschaften der Regierung beteiligen. Doch das muss uns nicht beschäftigen. Für uns, für Deutschland, ist interessant, was Sadaat seitdem beruflich macht: Er fährt für einen Lieferdienst Essen aus.

Hätte ich raten sollen, was so einer macht, nachdem er Erfahrungen beim Aufbau einer Mobilfunkinfrastruktur in einem Entwicklungsland gesammelt hat, wäre meine Antwort gewesen: Für ein IT-Unternehmen arbeiten. Oder im Auslandsgeschäft von T-Mobile,

1&1 oder Vodafone. Oder für die Deutsche Gesellschaft für Internationale Zusammenarbeit (GIZ) – oder die KfW-Entwicklungsbank. Immerhin scheint Sadaat zwei Masterabschlüsse in IT- und Kommunikationstechnik von der University of Oxford erworben zu haben und besitzt neben der afghanischen offensichtlich auch die britische Staatsbürgerschaft.[22] Aber Fahrradkurier bei Lieferando?

Ich bin kein investigativer Journalist. Wie sich die Sache genau verhält und was Herr Sadaat mittlerweile macht, weiß ich nicht. Aber dass jemand wie er in Deutschland keinen adäquaten Arbeitsplatz finden kann, weil er (noch) nicht gut genug Deutsch spricht und ihm möglicherweise noch Papiere fehlen – das sagt mehr über unsere Umständlichkeit und bürokratische Unbeweglichkeit aus, als uns lieb sein kann.

Deutschland braucht eine breite Zuwanderung. Das pfeifen die Spatzen von den Dächern. Und zwar in vielen Branchen.[23] Vor kurzem forderte die Wirtschaftsweise Monika Schnitzer, deutlich mehr ausländische Fachkräfte ins Land zu holen. Falls dies nicht geschieht, befürchtet sie spürbare Wohlstandsverluste, wie sie dem Magazin *Der Spiegel* im Dezember 2021 sagte.[24] Schon Gerhard Schröder wollte da unbürokratisch Abhilfe schaffen und eine deutsche »Greencard« einführen. Offiziell hieß es »Sofortprogramm zur Deckung des IT-Fachkräftebedarfs« und sollte kurzfristig den Bedarf an Experten aus dem Bereich der Informationstechnik (IT) decken. Doch es wurde Ende 2004 eingestellt, denn es war alles andere als ein Erfolg. Die Rahmenbedingungen stimmten nicht, weshalb die deutsche Greencard reichlich unattraktiv war.

Auch das Zuwanderungsgesetz, das wir bis heute haben, löst unsere Probleme nicht. Wer mit Personalabteilungen größerer und kleinerer Unternehmen spricht, erfährt von ihren immensen Schwierigkeiten, Bewerber aus dem Nicht-EU-Ausland nach Deutschland zu holen – auch wenn sie ihnen namentlich bekannt sind, sie deren

Qualifikationen kennen und sie diese Menschen gerne beschäftigen würden. Selbst große Unternehmen klagen darüber, dass es mit unglaublichem Aufwand verbunden ist, Mitarbeiter, die im Ausland fest angestellt sind und über alle nötigen Qualifikationen und Abschlüsse verfügen, nach Deutschland zu holen. Und das, obwohl die Personalabteilungen besagter Großunternehmen schon mit spezialisierten Dienstleistern zusammenarbeiten, die das Einreichen aller Nachweise, Zeugnisse und Begründungen übernehmen und sich um Visumangelegenheiten kümmern.

Zuständig sind die deutschen Botschaften im jeweiligen Land. Sie bearbeiten die Anträge auf Arbeitserlaubnis und Einreise. Wenn die ausländischen Mitarbeiter in Deutschland angekommen sind, prüft abschließend die Bundespolizei ihre Dokumente. Das ist meist unproblematisch und nur noch eine Formsache. Das Problem ist die Bearbeitung der Anträge an den deutschen Botschaften der jeweiligen Herkunftsländer. Die Verfahren dort werden von den Personalabteilungen vieler deutscher Firmen als zäh, als aufwendig und langwierig beschrieben. Es hilft offensichtlich auch nur wenig, dass die ausländischen Fachkräfte, um die es geht, nicht nur einen festen Arbeitgeber vorweisen können, sondern dass für sie und ihre Familie in Deutschland bereits eine Wohnung bereitsteht. Und dass das Flugticket natürlich vom Arbeitgeber bezahlt wird.

Einen Fall, der mir – natürlich anonymisiert – von einer Mitarbeiterin der Personalabteilung eines großen deutschen Unternehmens berichtet wurde, will ich kurz erwähnen. Er steht für viele andere: Über fünf Monate habe es gedauert, bis eine Mitarbeiterin aus Kanada an die deutsche Unternehmenszentrale versetzt werden konnte. Der Grund: Ihr Masterabschluss in Finanzwissenschaften der Universität Toronto wurde von der deutschen Botschaft lange nicht anerkannt. Die bittere Ironie ist, dass die Uni Toronto nicht nur als die beste Kanadas gilt, sondern auf der Rangliste der besten

Universitäten der Welt auf Platz 25 rangiert – deutlich vor jeder deutschen Hochschule.[25]

Der wahre Grund für die schleppende, umständliche und wenig kooperative Bearbeitung solcher Visumsanträge ist klar: Weil wir in Deutschland und in der EU die illegale und ungesteuerte Migration nicht in den Griff bekommen und obendrein noch unter dem Trauma von 2015/2016 leiden, als die Situation durch Regierungsversagen völlig entgleiste und unkontrolliert weit über eine Million Menschen teils anonym und ungesteuert nach Deutschland kommen konnten, agieren die Behörden dort, wo sie können, übervorsichtig und abwehrend.

Doch das ist doppelt falsch und verschärft das Problem in jeder Hinsicht: arbeitsmarktökonomisch, gesellschaftlich, rechtlich, menschlich.

WIE WIR DEN GORDISCHEN KNOTEN BEIM THEMA ZUWANDERUNG DURCHSCHLAGEN KÖNNEN

Deutschland muss das eine tun – und das andere nicht lassen. Konkret: Wir müssen uns endlich ehrlich machen, was ungesteuerte (also unwillkommene und illegale) Zuwanderung und Armutsmigration aus Afrika, dem Mittleren Osten und südlichen Asien anbelangt. Einerseits. Und wir müssen unser Land andererseits so gestalten, dass es als *Einwanderungsland* funktioniert. Dass es *attraktiv* ist für Fachleute, gut Gebildete und vor allem für junge Menschen, die bei uns leben und hier ihren »German Dream« verwirklichen wollen.

Es hilft uns nicht weiter, wenn wir Asylsuchende und Flüchtlinge als »Geflüchtete« oder gar pauschal als »Schutzsuchende« romantisieren – und dabei absichtlich sehr unterschiedliche Statusformen (Genfer Flüchtlingskonvention, subsidiäre Schutzberechtigung, Asyl nach deutschem Asylrecht, illegale Einreise) vermengen. Unser Grundgesetz verlangt es keineswegs, dass wir eine unbegrenzte Zahl an Flüchtlingen aufzunehmen haben. Bei Licht betrachtet ist die Zahl der Flüchtlinge, die seit 2015 zu uns gekommen sind und ein Recht auf Asyl haben, sogar verschwindend gering. Im Jahr 2016 zum Beispiel erhielt nur *ein Prozent* der Antragsteller politisches Asyl. 40 Prozent wurden abgelehnt. Alle anderen erhielten Schutz nach der Genfer Flüchtlingskonvention.[26]

Die Wahrheit ist, dass viele Menschen, die (nicht selten illegal) nach Deutschland gekommen sind, dies aus sehr unterschiedlichen Gründen getan haben. Das sollten wir zuallererst zur Kenntnis nehmen. Und damit umgehen. Politisch betrachtet wird es Zeit, dass wir unsere Gesetze der Realität anpassen – auf nationaler wie auf EU-Ebene. Ereignisse wie die an der polnisch-belarussischen Grenze, die eine Außengrenze der EU und des Schengenraumes ist, zeigen eindrücklich, dass das sogenannte »Gemeinsame Europäische Asylsystem« (GEAS) nicht funktioniert und deshalb reformiert werden muss. Die Erpressungsversuche des belarussischen Machthabers Lukaschenko im Herbst 2021 haben erneut gezeigt, wie wichtig und konstitutiv Außengrenzen für eine Rechts- und Wertegemeinschaft sind und schon deshalb im Zweifelsfall auch robust geschützt werden müssen. Die Vermischung von Asyl, subsidiärem Schutz und regulärer Einwanderung jedenfalls muss ein Ende haben. In einem ersten Schritt müsste man einen strengen Grenzschutz mit legalen Zugangswegen kombinieren. Der Europa- und Völkerrechtler Daniel Thym hat hierzu kluge Vorschläge gemacht, die ich durchaus überzeugend finde.[27]

»No borders«-Aktivisten, die leider auch bei Teilen der Grünen und der SPD viel Gehör finden, haben essenzielle Voraussetzungen und Funktionsweisen von Rechtsstaaten, die sich anspruchsvolle soziale Sicherungssysteme leisten, nicht verstanden. Das unkontrollierte

Einsickern einer sechsstelligen Zahl von Menschen pro Jahr gefährdet auf längere Sicht eben nicht nur den sozialen Frieden, sondern auch unsere sozialen Sicherungssysteme, die auf dem Gedanken der Solidarität, der Gegenseitigkeit und von genossenschaftlichen Grundsätzen konstruiert sind (in der Volkswirtschaft nennt man das »Clubgüter«). Selbst linksliberale Ikonen wie die US-amerikanische Philosophin und Rechtswissenschaftlerin Martha Nussbaum haben sich mittlerweile dezidiert und gut begründet von der Idee des Kosmopolitismus abgewandt.[28] Es sei vernünftig, meint Nussbaum beispielsweise, wenn Nationen die Migration begrenzten – was eben im Umkehrschluss bedeutet, viele Menschen nicht ins Land zu lassen. Oder sie wieder abzuschieben, wenn sie illegal hereingekommen sind.

Aufschlussreich ist ihr Hauptargument: dass nämlich demokratisch verfasste Nationalstaaten ziemlich gute Beschützer der Grundrechte ihrer Bürger sind. Und sie weist trocken darauf hin, dass es reichlich blauäugig ist zu glauben, dass in »diffusen« Systemen, die die Nationen ablösen würden, die Rechte von Minderheiten, Frauen und Armen besser geschützt werden könnten. Im Übrigen würden Renten- wie Kranken- und andere soziale Sicherungssysteme ohne staatliche Grenzen auch nur reichlich marktradikal, nämlich ausschließlich privatwirtschaftlich, funktionieren. Wenn überhaupt. Dieser Aspekt, der von vielen Theoretikern der offenen Grenzen ebenfalls schlicht ignoriert wird, soll an dieser Stelle wenigstens von mir ausgesprochen werden – einem Unternehmer mit Politikerfahrung, dem der Sozialstaat sehr am Herzen liegt.

Es reicht eben nicht, allein aus Abgrenzungsbedürfnissen gegenüber Rechtspopulisten für offene Grenzen zu plädieren. Dass die linksliberale US-amerikanische Professorin Martha Nussbaum zum selben Ergebnis kommt wie der ordoliberale frühere Chef des Münchner Ifo-Instituts, Hans-Werner Sinn, überrascht mich nicht. Ich kenne im Übrigen niemanden, der den Zusammenhang von Liberalität, Rechtsstaatlichkeit, sozialstaatlichen Leistungen und gesellschaftlichem Wohlstand so präzise erläutern kann wie der deutsche Finanzwissenschaftler Sinn – auch wenn seine Erkenntnisse gerne schroff und kalt klingen, vor allem, wenn sie als Überschriften daherkommen (»Eine liberale Gesellschaft gibt es nur mit Zäunen«).[29]

Warum unbegrenzte und illegale Migration auf Dauer eine gesellschaftszerstörende Wirkung entfalten kann, erläutert klug und ausgesprochen sachlich der britische Volkswirt, Afrika-Kenner und Migrationsforscher Paul Collier in seinem Buch *Exodus. Warum wir Einwanderung neu regeln müssen*. Dieses Buch hat mir für viele wichtige Zusammenhänge die Augen geöffnet. Und es hat mich immunisiert gegen polemische und meist unsachliche Anwürfe von links und rechts außen. Es ist im September 2014 auf Deutsch erschienen und hat alles vorweggenommen, was ab 2015 in Deutschland falsch gelaufen ist.[30] Schon diese Erkenntnis tut im Nachhinein weh. Erfahrungsgesättigt und pragmatisch hat sich Boris Palmer, der Oberbürgermeister von Tübingen, zwei Jahre später zu diesem Themenspektrum geäußert.[31] Dass er möglicherweise sogar aus seiner Partei, den Grünen, rausgeekelt werden soll, und zwar vor allem wegen seines Realismus, zeigt die Herkulesaufgabe, vor der die FDP in der neuen Koalition mit Roten und Grünen nicht nur beim Thema Verschuldung und stabile Finanzen steht.

GERMAN DREAM

Trotz des schwierigen Themenpaares, das Migration und Integration nun einmal darstellen, bin ich sehr froh darüber, dass sich die neue Regierungskoalition der Sache konstruktiv genähert hat und trotzdem in erster Linie die *Chancen der Einwanderung* sieht. Das entspricht auch meiner grundsätzlichen Lebensphilosophie: positiv sein,

Chancen ausfindig machen – und sie beherzt ergreifen. Nur so werden wir den stetigen Wandel gestalten, nur so kommen wir *vor* die Welle der Veränderung.

»Um neue Potenziale für den Wirtschafts- und Wissenschaftsstandort Deutschland zu erschließen, wollen wir, dass Menschen aus anderen Ländern in unserem Land leichter studieren oder eine Ausbildung machen können.« Solche Sätze im Koalitionsvertrag der neuen Ampel-Regierung geben mir die nötige Zuversicht. Denn darin wird deutlich, dass – erstens – Einwanderung eine großartige Sache ist, wenn wir sie so gestalten, dass es eine Win-win-Situation für alle Beteiligten wird. Und – zweitens – wird deutlich, dass hinter den Themen Migration und Integration nicht selten das Bildungsthema steckt. Und das Thema nationales Selbstverständnis und nationales Selbstbewusstsein. Ein Generalverdacht gegen uns selbst, begründet mit den Gräueltaten der Nationalsozialisten vor 80 Jahren, hilft uns nicht weiter.

Was uns aber hilft, ist das Anknüpfen an die vielen positiven Traditionen in unserem Land. Und ihre Pflege und Weiterentwicklung auf der Basis des europäischen Gedankens und eines weltoffenen Patriotismus. Uğur Şahin (Mediziner, BioNTech-Mitgründer und Sohn türkischer Einwanderer), Angelique Kerber (Tennisspielerin und Tochter polnischer Einwanderer), Karamba Diaby (Chemiker, SPD-Politiker und Einwanderer aus dem Senegal), Bijan Djir-Sarai (geboren im Iran, aufgewachsen in Grevenbroich, außenpolitischer Sprecher der FDP-Bundestagsfraktion und Generalsekretär der FDP), Omid Nouripour, der angesehene Außenpolitiker der Grünen, der 2021 ein Direktmandat in Frankfurt gewann und inzwischen Co-Vorsitzender der Grünen ist, Dunja Hayali (Tochter irakischer Einwanderer und ZDF-Journalistin) oder die Spitzenfußballer Serge Gnabry (ein waschechter Schwabe) und Jérôme Boateng (ein echter Berliner) sind ebenso selbstverständlich Deutsche und Repräsentanten unserer Nation wie beispielsweise der CDU-Politiker Thomas de Maizière, Nachfahre einer Hugenottenfamilie aus Frankreich – oder der Rheinhesse Harald Christ. Das, was uns eint, ist, dass wir unser Heimatland voranbringen wollen, dass wir das Positive stärken wollen und uns um eine gute Zukunft bemühen. Im Privaten wie gesellschaftlich.

Mangelnde Offenheit gegenüber Menschen, die vielleicht noch nicht akzentfrei Deutsch sprechen, ist ebenso hinderlich wie nationale Selbstablehnung und der Versuch, möglichst wenig »deutsch« sein zu wollen. Ich bin regelmäßig in Südafrika, ein Land im Umbruch, das mich fasziniert und wo ich mittlerweile viele Freunde habe. Meine Erfahrung ist, dass man erst im Ausland so richtig begreift (und es auch deutlich gespiegelt bekommt), wie durch und durch deutsch man ist in vielerlei Hinsicht, bei vielen skurrilen Kleinigkeiten, aber auch in ganz grundsätzlicher Hinsicht. Aussagen wie die von der ehemaligen Integrationsbeauftragten und SPD-Politikerin Aydan Özoğuz, es gäbe gar keine spezifisch deutsche Kultur, in die man sich integrieren könne, sind jedenfalls ebenso abwegig wie die spalterische und ahistorische Deutschtümelei auf der rechten Seite des politischen Spektrums.

Was wir also brauchen, ist eine *positive Erzählung von uns selbst*, die in die Zukunft zeigt. Denn niemand will Mitglied einer Mannschaft werden, die sich nichts zutraut und deren Trainer bei jeder Gelegenheit klarstellt, dass er ihre Mitglieder für Unsympathen und unbelehrbar hält.

Düzen Tekkal ist für mich ein leuchtendes Vorbild. Sie kommt aus Hannover. Ihre Eltern sind kurdisch-jesidischer Abstammung, die aus der Türkei fliehen mussten. Und die sich dann in Deutschland ein neues Leben aufgebaut und dafür gesorgt haben, dass ihre Mädchen eine gute Schulbildung erhalten. Im Jahr 2019 hat Düzen Tekkal die Bildungsinitiative *GermanDream* gegründet.[32] Warum? Weil sie festgestellt hat, dass über Chancengerechtigkeit, Bildungsaufstieg und Einwanderungsgesellschaft immer nur als Problem gesprochen wurde. Was ihr gefehlt hat, ist ein positiver Ansatz, der auch die Herzen erreicht. »Deutschland als ein Land der Chancen! GermanDream ist eine Antwort von vielen auf eine Einwanderungsgesellschaft und gegen Rassismus, gegen Ismen, gegen Feindbilder. Es geht am Ende um Identität, es geht um Zugehörigkeit, darum, gesehen zu werden, um Wertschätzung.«

GermanDream organisiert Wertedialoge an Hunderten von deutschen Schulen. Im Zentrum steht dabei, dass Botschafter dieser Initiative von ihren eigenen Bildungs- und Aufstiegserfahrungen sprechen. Und so zu Vorbildern werden.

Tekkals GermanDream wird immer mal wieder erwähnt oder als Vorbild gepriesen. Ich finde: Das reicht nicht. Wir müssen solche Best-Practice-Beispiele landesweit ausrollen und zu etwas machen, was an jeder Schule Deutschlands stattfindet. Am besten in Verbindung mit erfahrenen Berufsschullehrern, Ausbildern in Handwerksbetrieben und Fachhochschuldozenten. Vorbilder braucht das Land, *role models*, wie es im Englischen so treffend heißt.

Bezeichnend finde ich, dass sich Düzen Tekkal von Martin Luther King inspirieren ließ, deshalb auch der englische Name »GermanDream« ihrer Initiative. King hatte in seiner berühmten Rede »I have a dream« von einer Gesellschaft berichtet, in der nicht die Hautfarbe, sondern der Charakter und der Beitrag eines Menschen für die Gesellschaft im Vordergrund stehen sollte.

Einen interessanten Gedanken zum Thema Einwanderungsgesellschaft der 20er-Jahre hat auch der CDU-Politiker und Ex-Minister Jens Spahn geäußert. Er schrieb: »Ich glaube, wir Deutsche werden sehr viel mehr zu einer ›Willensnation‹ werden müssen, als uns momentan bewusst ist. Und das ist gut. Es ist zeitgemäß und demokratisch, denn es beruht auf zivilisatorischen Werten und Normen sowie auf Absprachen, die wir miteinander treffen. Letztlich ist es ganz einfach: Eine moderne Nation ist, was sie sein *will.* (...) Eine moderne Nation pflegt ihre Traditionen und ihre Geschichte, aber ist zugleich offen für Neues.«[33] Das klingt für mich durchaus überzeugend: dass moderne Einwanderungsländer wie Deutschland mehr als früher und bewusster »Willensnationen« sein müssen. Nur so werden wir ein echtes Wir-Gefühl, eine gute Basis für die Zukunft schaffen. Und eine Basis für eine Weiterentwicklung unseres Gemeinwesens.

Ältere wollen nicht von jetzt auf gleich zum alten Eisen gehören. Reflexhaft vom sprichwörtlichen Dachdecker zu sprechen, der mit 65 einfach nicht mehr auf den Dächern herumkraxeln kann, weshalb man nicht über das Renteneintrittsalter diskutieren dürfe, das bringt uns nicht weiter. Für Menschen in Berufen, die man in höherem Alter oder mit Vorerkrankungen nicht (mehr) ausüben kann, wird und muss man Lösungen finden. Das steht außer Frage. Aber die große Mehrheit der heute Berufstätigen will mit 65 oder 66 Jahren nicht zum alten Eisen gehören. Ein plötzlicher Übergang vom aktiven Leben in ein erzwungenes Nichtstun ist, wie man weiß, auch alles andere als gesund. Es raubt den Menschen das Gefühl, einen Beitrag zu leisten und etwas Sinnvolles zu tun. Und es raubt ihnen eine Struktur. Abgesehen davon verfügen gerade Ältere nicht selten über wertvolles Erfahrungs- und Fachwissen.

Umgekehrt brauchen wir als Gesellschaft und als Volkswirtschaft genau jenes Fachwissen, das mit den *Best Agern* zu oft und zu früh »in Rente« geht. Seit Jahren fordern Experten und Praktiker, diese Arbeitsmarktreserve zu heben und zu aktivieren. Allerdings müssen dafür die Rahmenbedingen stimmen. Es braucht nicht nur mehr Flexibilität bei den Beschäftigungsverhältnissen. Es muss sich für die Älteren auch rechnen. Es muss möglich sein, sich »verrenten« zu lassen und nebenher noch zu arbeiten, ohne dass der Staat oder das

Rentensystem das zusätzlich erwirtschaftete Geld überwiegend wieder abschöpft. Auch ein flexibler Beginn des Rentenalters sollte zum Regelfall in Deutschland werden. Der fünfte Altenbericht der Bundesregierung und die Empfehlungen, die die beteiligten Expertinnen und Experten gegeben haben, ist – nicht nur in dieser Hinsicht – deutlich.[34] Allerdings stammt er aus dem Jahr 2005.

Nein, Sie haben sich *nicht* verlesen. Der Bericht ist annähernd 20 Jahre alt – und verstörenderweise derzeit hochaktuell. Kostprobe gefällig? Der Bericht, so steht es im Resümee, wolle deutlich machen, »dass die Lebensphase Alter nicht mit Krankheit und Unproduktivität gleichgesetzt werden kann, sondern Ältere bereits heute einen großen Beitrag zum gesellschaftlichen Wohlstand erbringen.« Gleichzeitig zeige der Bericht, »dass ältere Menschen unter verbesserten Rahmenbedingungen ihre Potenziale im größeren Umfang für die Gesellschaft einsetzen könnten. Diese müssen jedoch in einen gesellschaftlichen Kulturwandel eingebettet werden, der auch die Bereitschaft von Unternehmen, Organisationen und Verwaltungen umfasst, die vorhandenen Potenziale Älterer in stärkerem Maß abzurufen und zu nutzen.« Herausforderungen dieser Art würden »aus der Alterung und der Schrumpfung der deutschen wie der europäischen Bevölkerung für die Sicherung der Produktivität und Innovationsfähigkeit der Gesellschaft erwachsen«. (S. 452)

Schon 2005 wusste man, dass Ältere »nicht weniger, sondern anders leistungsfähig« sind als Jüngere. Sie sind im Schnitt qualitätsbewusster, haben im Schnitt eine höhere Arbeitsmoral und sind loyaler dem Unternehmen gegenüber. Warum man für diese Binsenweisheiten auch noch Studien braucht, erschließt sich mir zwar nicht. Aber sei's drum. Interessant fand ich etwas anderes in diesem Altenbericht aus dem Jahr 2005: Im Vergleich mit früheren Altengenerationen konnte man schon damals ein höheres Bildungs- und Qualifikationsniveau sowie ein breiteres Spektrum von Interessen und Kompetenzen unter älteren Berufstätigen feststellen. Mit anderen Worten: Die Früchte dessen, was in den späten 60er- und 70er-Jahren in der Bildungspolitik erreicht wurde, könnten wir heute und in den kommenden Jahren ernten. Denn die Babyboomer, die Geburtsjahrgänge von 1955 bis 1964, sind die, die von der Bildungsrevolution der 70er-Jahre am meisten profitiert haben. Viele von ihnen sind gut ausgebildet, und ihr Erfahrungswissen ist bares Geld wert. Viele von ihnen könnten sicherlich auch ohne größere Probleme weitergebildet werden. Und sie könnten ihr Wissen an Jüngere weitergeben.

WIE UMGEHEN MIT DER »KULTUR DES FRÜHAUSSTIEGS«?

Momentan ist aber ein eher gegenläufiger Trend zu beobachten: Offensichtlich gibt es eine Neigung nicht weniger Vertreter der Babyboomer, schon jetzt den Fuß vom beruflichen Gaspedal zu nehmen. »Wir sind dann mal weg«, lautete der Aufmacher des Wirtschaftsteils der *Welt am Sonntag* am 25. Oktober 2020.[35] Darüber berichtete Chefökonomin Dorothea Siems und berief sich dabei auf eine Studie der Bergischen Universität Wuppertal. Die Wissenschaftler dort haben herausgefunden, dass viele Babyboomer planen, früher mit dem Arbeiten aufzuhören, weil sie ihren Job nicht mehr gerne machen. Hinzu komme eine Art »Kultur des Frühausstiegs«. Die Älteren wüssten durchaus, dass sie länger arbeiten sollten, wollen es aber nicht.[36] Die 2014 eingeführte abschlagsfreie Rente mit 63 wirke ebenfalls einer längeren Lebensarbeitszeit entgegen, sagen viele Experten. Es gäbe zu viele Wege in die Frührente, etwa über betriebliche Altersteilzeitprogramme, wie sie Konzerne immer noch anböten. Überhaupt scheinen die Gründe komplexer, als man vermuten würde. Statistische Tatsache jedenfalls ist, dass das Renteneintrittsalter im

Schnitt bei 64 Jahren liegt. Und zwar seit Jahren. Bei Frauen fällt es sogar wieder. Das verrät der Blick in den »Rentenatlas 2021« der Deutschen Rentenversicherung.[37]

Zwei Erkenntnisse aber kann man mit Blick auf die Babyboomer ziehen – und eine Hoffnung: Erstens: Die Wirtschaft hat bislang die Weiterbildung der Generation 50 plus vernachlässigt. Obwohl der Anteil älterer Mitarbeiter stark zunehmen wird. Das sollte sich schnell ändern. Denn das, was wir beobachten, ist nicht nur Gift für die sozialen Sicherungssysteme. Es ist auch ein Verlust an erfahrenen Fachkräften, den sich Deutschland nicht leisten kann. Zweitens müssen wir alle daran arbeiten, dass ältere Arbeitnehmer sich nicht aus Frust oder als Folge schlechter Arbeitsbedingungen aus dem Arbeitsleben verabschieden.

Und die Hoffnung? Nun, viele Babyboomer geben an, noch einmal Pläne schmieden zu wollen. Viele fühlen sich nämlich gar nicht alt. Jedenfalls nicht zu alt, um noch einmal etwas gänzlich Neues auszuprobieren. Auch hier kann die Politik ansetzen: Statt zu versuchen, die Pläne der Babyboomer zu durchkreuzen, könnte die Politik den gegenteiligen Weg einschlagen und weitere Flexibilisierungen ermöglichen. Und mehr *Luft ins System lassen*. Auf diese Weise könnten sich die Babyboomer als Senioren-Entrepreneure, als Coaches und Quereinsteiger in der Arbeitswelt zurückmelden und mit viel Engagement, Erfahrung und neuem Spaß die Arbeitswelt der Republik befruchten – weit über das Regelrentenalter hinaus. Und nebenbei das Rentensystem entlasten.

Auch hier gibt es die konkrete Chance, dass sich wirklich etwas bewegt. Noch 2019 war das Echo verhalten, als mein Parteifreund und Sozialexperte Johannes Vogel sagte: »Aktuelle Studien haben diesen Sommer wieder gezeigt: Die Zahl der Menschen, die auch während ihres Rentenbezugs noch arbeiten wollen, hat sich seit der Jahrtausendwende fast verdreifacht. Deshalb sollten wir in der Rentenpolitik diesen Herbst neben der gezielten Verhinderung von Altersarmut auch Modernisierungsfragen wie einen wirklich flexiblen Renteneintritt stärker diskutieren.« Und er wies darauf hin, dass interessanterweise für viele Ältere, die länger arbeiten, entgegen mancher Behauptung nicht finanzielle Gründe im Vordergrund stünden, sondern immaterielle Motive wie Freude an der Arbeit und der Kontakt zu Mitmenschen.[38] Nicht mehr Politiker sollten entscheiden, wann man in Rente gehe, »sondern jede und jeder selbst. Das würde auch die leidige Debatte um das vermeintlich richtige pauschale Eintrittsalter beenden«, so Johannes Vogel 2019.

Ich teile diese Meinung vollkommen. Sie ist vom Individuum her gedacht und stellt nicht irgendwelche »Systeme« an die erste Stelle. Und sie macht Politik zu dem, was Politik eigentlich sein sollte, nämlich diejenige Instanz, die einen vernünftigen Rahmen setzt und auf das Einhalten von Regeln achtet. Nicht aber eine riesige »Nudging«-Agentur, die alle in ein Rentenkorsett zwingt. Die dürren, aber klaren Formulierungen im Koalitionsvertrag der aktuellen Regierung lassen bei mir Hoffnungen keimen, dass die neue Bundesregierung sich auch hier, bei der Renten- und Sozialpolitik, wieder mehr auf ihre eigentliche Aufgabe besinnt. Natürlich ohne deshalb den Schutz des Arbeitnehmers oder das Sicherheitsversprechen des Solidarsystems Rente infrage zu stellen.[39]

Vielleicht könnte die Politik am Ende der 2020er-Jahre die Phase des Erreichens des sogenannten Renteneintrittsalters als eine ähnlich offene und fluide Phase im Leben eines Menschen begreifen wie die Orientierungsphase junger Menschen während einer Berufsausbildung oder eines Studiums. In jungen Jahren ist es normal, sich fortzubilden, Praktika, Hospitanzen anzustreben und sich dadurch fürs weitere Berufsleben zu orientieren. Was dann alles zusammen in der Regel bald zu konkreten Perspektiven, Festanstellungen oder dem Beginn einer Selbstständigkeit führt. Vielleicht wird es in zehn

Jahren völlig normal sein, mit Anfang oder Mitte fünfzig aus den alten Bahnen der beruflichen Existenz auszusteigen und etwas Neues anzufangen. Mit anderen Schwerpunktsetzungen und vielleicht auch mit einer geringeren »Schlagzahl« im neuen Job. Dafür aber bis weit über das 70. Lebensjahr hinaus.

DIE RESERVEN DES ARBEITSMARKTES HEBEN

Der demografische Wandel beginnt sich eigentlich in der zweiten Hälfte der 20er-Jahre erst richtig bemerkbar zu machen. Schon deshalb sollten wir nicht nur zügig das Renteneintrittsalter flexibler gestalten. Sondern auch andere »Reserven des Arbeitsmarktes« erschließen, wie es, volkswirtschaftlich gesehen, etwas technokratisch heißt. Laut einer Studie der Bundesagentur für Arbeit (BA) gehen in der Altersgruppe der 55- bis 65-Jährigen bislang nur 50,55 Prozent der Menschen einer sozialversicherungspflichtigen Beschäftigung nach. Zum Vergleich: Vor über zehn Jahren waren es 56,2 Prozent. In Schweden arbeiteten schon zu dieser Zeit 70 Prozent der Älteren. Das Potenzial ist also da. Wir müssen diese Reserven nur heben.

Bei der *Beschäftigung von Frauen* hat sich in den vergangenen Jahren durchaus etwas getan. 76,9 Prozent der Frauen waren in unserem Land 2020 berufstätig. Und dennoch: Im Vergleich zu skandinavischen Ländern wie Norwegen oder Dänemark stehen wir immer noch nicht wirklich gut da. Dort sind es seit Jahren stabil etwa 79,3 Prozent (Norwegen) und 78,6 Prozent (Dänemark).

Wie schaffen wir es also, diese »Reserve« zu aktivieren? Da die Kinderbetreuung nach wie vor öfters (und über einen längeren Zeitraum) von Frauen übernommen wird, müssen wir das Angebot für die Betreuung von Kindern auch in den kommenden Jahren vergrößern. Es ist schon richtig: An dieser Stelle hat sich durchaus etwas getan. Vor gut zehn Jahren lag Deutschland im Vergleich mit den anderen EU-Ländern unter dem Durchschnitt, was die Betreuung in einer öffentlich geförderten Tageseinrichtung anging. Mittlerweile haben wir etwas aufgeschlossen. Laut Bildungsbericht 2010 wurden im Jahr 2008 nur 20 Prozent der Kleinkinder unter drei Jahren in einer Kindertageseinrichtung oder von einer Tagesmutter oder einem Tagesvater betreut. Im Jahr 2020/2021 sah es schon deutlich anders aus: 35 Prozent im Jahr 2020, 34,4 Prozent im Jahr 2021. Die Betreuungsquote hat sich damit im EU-Vergleich gesteigert. Dänemark wies 2020 eine Betreuungsquote von 67,7 Prozent auf. Frankreich 50,8 (2019) Prozent, Österreich 27,6 Prozent (2020) und Polen 10,2 Prozent (2019). Problematisch ist nach wie vor, dass die Betreuungsquote von Kindern, deren Eltern Zuwanderer sind, niedriger liegt als der bundesdeutsche Durchschnitt: Die Betreuungsquote von Kleinkindern bis drei Jahren mit Migrationshintergrund lag im Jahr 2020 bei 21 Prozent. Gerade für Kinder aus Zuwandererfamilien, deren Eltern selbst damit zu tun haben, in einer für sie fremden Kultur zurechtzukommen, stellen frühkindliche Betreuungsangebote eine nicht zu überschätzende Chance dar. Eine Chance, was die Sprachentwicklung anbelangt, eine Chance, was das niederschwellige Eintauchen in die deutsche Kultur und den europäischen Alltag anbelangt – und eine Chance, deutsche Freunde zu finden.

Überhaupt wird die *Sprachförderung* gerade für Zuwanderer und deren Kinder als Voraussetzung für Bildungsaufstieg und auch für gesellschaftliche Integration nach wie vor unterschätzt. Die Politiker, die exekutive Verantwortung tragen, sollten mehr Ressourcen in die Kindergärten und Vorschulen lenken. Im Kindergartenalltag, beim Spielen und Basteln mit Gleichaltrigen, beim Singen, auch bei gemeinsamen Mahlzeiten können Kinder von Zuwanderern die deutsche Sprache im Wortsinne spielend erlernen. Auch ist es eine Binsenweisheit, dass für Kinder das Erlernen einer fremden Sprache vergleichsweise unkompliziert ist, wenn sie dafür die richtigen Anreize bekommen und die richtige Umgebung vorfinden. Pädagogen, die dies in den Kindergärten aktiv begleiten, würden gesamtgesellschaftlich eine hohe Rendite erwirtschaften.

Nicht akzeptabel ist es, wenn die Quote derjenigen Migranten, die beim Deutschtest am Ende eines Integrationskurses durchfallen, steigt. Selbst unter Jugendlichen sei die Erfolgsquote von 83,6 Prozent im Jahr 2015 auf 63,5 Prozent im Jahr 2019 gesunken, wie die alte Bundesregierung einräumte.[40] Dieser negative Trend muss in den kommenden Jahren umgedreht werden. Denn ohne die Landessprache zu verstehen und sprechen zu können, wird es für die meisten Migranten schwer werden, in Deutschland wirklich anzukommen.

Woran wir als Land in den kommenden Jahren arbeiten müssen, ist die Schaffung einer kinder- *und* elternfreundlichen Gesellschaft. Einer Gesellschaft, die junge Eltern unterstützt. Sie sind es, die in der »Rushhour« des Lebens Kinder, Karriere und vieles mehr unter einen Hut kriegen müssen. Und die sich gleichzeitig auch immer wieder die Zeit nehmen sollten, sich fortzubilden. Deshalb ist der alleinige Blick auf Statistiken zur Kinderbetreuung, Frauenquoten und so weiter letztlich nicht wirklich zielführend. Eher ist das, was uns die Statistiken verraten, *eine Art Fingerzeig*. Ein solcher Fingerzeig zwingt uns, herauszutreten aus der Fiktion der Monokausalität und des analogen Denkens. Die Förderung junger Frauen ist eben nicht nur die Aufgabe des Familienministeriums. Noch mehr Steuergelder zu verteilen bringt nicht immer die politisch erwünschten Ergebnisse. Vielleicht liegt das Werkzeug, um die Reserven für den Arbeitsmarkt zu heben, auch an anderen Stellen bereit. Und wartet auf seine Benutzung. Vielleicht ist der Gedanke, mehr Luft ins System zu lassen, sprich: Möglichkeiten zu eröffnen, individuelle Entscheidungen aber zu respektieren, auch an dieser Stelle nicht der schlechteste. Es wäre jedenfalls alles andere als liberal und freiheitlich, über politisch organisierten Druck möglichst viele Frauen in einen Job zu zwingen – um ein immer wieder heiß diskutiertes Beispiel zu wählen. Polemisch zugespitzt: Die Arbeitsmarkt- und Gesellschaftspolitik sozialistischer Länder sollte kein Vorbild sein für die Bundesrepublik im 21. Jahrhundert.

Ich bin mittlerweile fest davon überzeugt, dass vor allem die Politik mehr Augenmerk auf *Zusammenhänge* legen sollte und heraustreten müsste aus einem versäulten Denken in Fachressorts und Zuständigkeiten. Dieses »Silo«-Denken setzt sich übrigens *innerhalb* von Ministerien munter fort. Legendär ist die Rivalität zwischen Abteilung 3 (Arbeit und Soziales) und Abteilung 4 (Wirtschaft und Finanzen) im Bundeskanzleramt. Kleinkarierte Streitereien inklusive. In anderen Ministerien ist es nicht anders, wenn innerhalb der Ministerialbürokratie Stellvertreterkonflikte ausgefochten werden und Ressorteifersüchteleien überhandnehmen, weil es keine übergeordnete Stelle gibt, die den Blick aufs große Ganze richtet und Kräfte bündelt, statt den kleinsten gemeinsamen Nenner zu erzielen. (Womit wir beim Managementversagen vieler Verantwortungsträger der abgewählten Regierung Merkel wären.) Auch in der Landespolitik ist es nicht besser: Kommunen werden oftmals alleine gelassen bei Vorhaben, die sie auf ihrer Ebene nicht stemmen können. Schlimmer noch ist der umgekehrte Fall: das Hineinregieren in kommunale Dinge und das Gängeln von Gemeinden, zumeist mit dem Hebel der Finanzen. Nicht selten wird der kluge und in jeder Hinsicht gesunde *Gedanke der Subsidiarität* geopfert – aus allen möglichen kleinkarierten Gründen.[41]

Das föderale Deutschland müsste es endlich lernen, projektbezogen und pragmatisch über Ressortgrenzen und Grenzen von Gebietskörperschaften hinweg zusammenzuarbeiten. Dasselbe gilt für Ministerien oder Stadtbezirke (Berlin ist ein abschreckendes Beispiel).

Eine Zusammenarbeit über die Grenzen des eigenen kleinen Gartenzaunes hinweg würde Kräfte bündeln, Perspektiven ermöglichen, vieles beschleunigen – und den betroffenen Beamtinnen und Beamten und den hinzugezogenen Unternehmen deutlich mehr Spaß an der Arbeit und *Spaß am Gelingen* ermöglichen.

03

DER BILDUNGSSEKTOR IN DEUTSCHLAND – NACH WIE VOR INEFFIZIENT, UNTERFINANZIERT UND SOZIAL UNGERECHT

WO SCHULE SCHEITERT – ODER EBEN NICHT

Das »Geschwätz von der Chancengleichheit« sei die große Lebenslüge der Bundesrepublik. So schrieb es der Bildungsexperte des Nachrichtenmagazins *Der Spiegel*, Markus Verbeet, bereits im Jahr 2008 in einem Sonderheft zum Thema »Die Bildungsrepublik«.[42] Ich befürchte, daran hat sich bis heute nur graduell etwas geändert. Wie eh und je haben Kinder bildungsferner Eltern oder Kinder aus sozial schwachen Familien nur geringe Chancen, einen guten Bildungsabschluss zu erlangen. Hinzu kommt, dass viele Schulen in sozial schwachen Stadtvierteln als sogenannte Problemschulen gelten. Bildungsorientierte Eltern unternehmen viel und wenden sogar Tricks an, um ihre Kinder nicht auf solche Schulen zu schicken. Das Ergebnis sind sich selbst erfüllende Prophezeiungen, eine hohe Quote von Schulversagern, frustrierte Schüler, Probleme mit der Disziplin sowie mit Gewalt und Drogen. Meistens unterrichten solche Problemschulen dann auch noch einen überdurchschnittlich hohen Anteil von Kindern aus bildungsfernen Migrantenfamilien. Mit diesem Problemmix ist viel zu oft bereits eine gute berufliche Zukunft verbaut. Und das ist das größte Problem dabei.

Natürlich: Es gibt Gegenbeispiele. Sogar viele. Bundesweite Bekanntheit hat der Campus Rütli im Berliner Stadtteil Neukölln erlangt – oder eigentlich das, was zu seiner Gründung führte. Nämlich der völlige Kollaps einer Schule in einem dicht bevölkerten Stadtteil von Berlin, der Rütli-Schule, einer Hauptschule. Im März 2006 forderten deren Lehrer in einem Brief an den Berliner Bildungssenator eine Lösung des Gewaltproblems an der Schule. Ein geordneter Unterricht war zusehends unmöglich, einige Lehrer brauchten Polizeischutz, viele wurden krank. Die damalige Schulleiterin, die massiv bedroht wurde, sagte *Spiegel Online* damals, dass das »eigentliche Problem weder in der arabischen, türkischen oder serbischen, sondern in der sozialen Herkunft der Schüler« und ihren mangelnden Perspektiven liege. Und sie wies darauf hin, dass im Schuljahr 2005 *keiner* der damals rund 270 Schüler einen Ausbildungsplatz erhalten hatte.[43]

Da ist er wieder, der Zusammenhang von Bildung, Berufsausbildung, Lebensglück – und letztlich auch Wohlstand.

Inzwischen scheint das Problem gelöst. Die Schule ist wieder eine Schule. Es wurde eine gymnasiale Stufe eingeführt. Seit 2014 legen Schülerinnen und Schüler dort das Abitur ab. Um die Schule herum entstand der »Campus Rütli«, eine Art Bildungslandschaft. Er umfasst neben der Schule einen Kindergarten, mehrere Freizeitzentren, eine Volkshochschule – und gilt als Zukunftsmodell für soziale Brennpunkte.[44] Interessant ist, *wie* dieser harte *Turnaround* geschafft wurde. Der damalige Bezirksbürgermeister von Neukölln, Heinz Buschkowsky, hat es in einem Interview mit dem Deutschlandfunk 2017 erzählt: »Mit Konsequenz«. Einerseits müsse man auf die Jugendlichen zugehen. Ihnen signalisieren, dass sie dazugehören. Ihnen Angebote machen – zum Beispiel Sprachkurse in Arabisch als Respekt vor der Muttersprache. Natürlich waren und sind auch Sozialarbeiter wichtig. Andererseits wurde klargemacht, wer dort die Autorität hat, weshalb »konsequent bei jedem Vorfall die Polizei geholt und die Dinge zur Anzeige gebracht« wurden und ein Wachdienst engagiert wurde. Auch der Vandalismus hörte dadurch auf. Jetzt hätte die überwiegende Mehrheit der Schüler ein »Rütli-Spirit«, ein Bewusstsein dafür, dass das ihre Schule und ihre Gemeinschaft sei. Geholfen habe »Zuckerbrot und Peitsche, ein uraltes Prinzip«, so Buschkowsky.[45] Auch wenn der Bezirk Neukölln nach wie vor die gleichen Probleme habe wie vor der Gründung des Campus Rütli. Davor dürfe man die Augen nicht verschließen. Ich kann dem nur beipflichten und bedaure es, dass SPD-Politiker wie Heinz Buschkowsky in ihrer Partei nicht mehr besonders wohlgelitten sind. Aus ähnlichen Gründen, aus denen der Grüne Boris Palmer in seiner Partei aneckt.

BILDUNG KOSTET GELD. PUNKT. UND SIE ZAHLT SICH AUS. UNTERNEHMER NENNEN DAS: RENDITE

Kritiker weisen darauf hin, dass die Rütli-Schule und der sie mittlerweile umgebende Campus ein Vorzeigeprojekt sei, das sich schon aus finanziellen Gründen andernorts nicht so einfach nachahmen lasse. Und es stimmt: Der Bezirk und das Land Berlin haben viel Geld – und Aufmerksamkeit – aufgewendet. Es gibt ein Netzwerk von Initiativen, die sich dort engagieren: von Berliner Theatern, die eine Theater-AG aufgezogen haben, bis zu mehreren Stiftungen, die Sprachkurse und andere wichtige Einrichtungen etabliert und bezahlt haben.

Trotzdem habe ich kein Verständnis für diejenigen, die sagen, das könne man nicht flächendeckend nachahmen, denn das koste zu viel Geld. Ich bin Unternehmer und Politiker, ich habe jahrelang in Führungspositionen bei Banken und Versicherungen gearbeitet und ein Unternehmen an die Börse geführt. Und deshalb behaupte ich: Das ist der falsche Ansatz. Es ist buchstäblich *falsch gedacht*. Denn es lenkt die Aufmerksamkeit sofort auf alles, was *nicht* geht oder auf den ersten Blick *scheinbar unmöglich* ist. Erfolgreich kann man jedoch nur sein, wenn man es andersherum anpackt: Was geht? Wie kriegen wir es hin? Wie behelfen wir uns? Wen könnten wir dafür begeistern und mit ins Boot holen? Und: Wer würde noch von bester Bildung profitieren?

Wir sollten endlich bundesweit von den Erfahrungen der Macher und Organisatoren des Campus Rütli lernen und es als Best-Practice-Beispiel begreifen. Exzellente Bildung kostet Geld. Gute Pädagogen haben auch ihren Preis. Die Folgekosten schlechter, einfallsloser Bildung belaufen sich auf ein Vielfaches, das vergessen die Pfennigfuchser ohne Weitblick. Die Folgekosten wirken verheerend, und zwar jahrzehntelang. Jeder Unternehmer versteht das. Kluge Politiker sollten das eigentlich auch erkennen.

Interessante pädagogische Initiativen gibt es auch am anderen Ende der sozialen Leiter. Die Geschichte der Reformpädagogik in Deutschland ist lang. Ob es die Montessori-Pädagogik für jüngere Kinder ist oder diejenige der rund 250 Freien Waldorfschulen in Deutschland, die sich an anthroposophischen Ideen orientieren: Sie sehen Kinder und Jugendliche ganzheitlicher. Waldorfschulen zum Beispiel folgen dem Prinzip der gleichberechtigten Förderung der intellektuell-kognitiven, der künstlerisch-kreativen und der handwerklich-praktischen Fähigkeiten ihrer Schülerinnen und Schüler. Doch die Schulen in freier Trägerschaft und diejenigen, die sich einen reformpädagogischen Ansatz auf die Fahnen geschrieben haben, sind zahlenmäßig ein Tropfen auf den heißen Stein, betrachtet man Deutschlands Bildungslandschaft. Natürlich kann man von den Erfahrungen lernen, die in elitären Nischen gemacht werden. Ich bin dennoch der Meinung, dass wir Idealismus mit Pragmatismus zusammenbringen müssen, um eine qualitative Verbesserung unseres Bildungssystems zu erreichen.

Im Jahr 2012 veranstaltete die damalige Bundeskanzlerin Angela Merkel einen »Dialog über Deutschlands Zukunft«. Mit dabei waren über 100 Experten. Einer der drei großen Themenstränge lautete: »Wie wollen wir lernen?« Man kann nachlesen, worum es bei den Treffen und Diskussionen der Experten ging, worüber diskutiert und gestritten wurde und wie am Ende die Vorschläge der beteiligten Bildungsexperten lauteten. Der Publizist Christoph Schlegel konnte an allen Sitzungen teilnehmen und eine Reportage in Buchform darüber schreiben.[46] So beeindruckend die Diskussionen der Experten auch waren und als so interessant sich viele ihrer Vorschläge und Erkenntnisse auch erweisen: Am Ende bleibt die Erkenntnis, dass Klassenverbände und Schulen lebendig sind und es keine Patentrezepte gibt. Am Ende des Tages ruht die Hoffnung auf Schulträgern und Kultusbehörden, Lehrern und Eltern, die *investieren*: Zeit, Zuwendung, Wissen, Ressourcen, Geld. Wolkige Projekte von Weltverbesserern sind gar nicht nötig.

Beispiel Lehrerausbildung. Nach wie vor hapert es an dieser Stelle. Nicht so sehr in fachlicher Hinsicht. Aber in pädagogischer. Zu wissenschaftlich, zu praxisfern, lautet seit Jahr und Tag die Kritik. Was auf angehende Lehrerinnen und Lehrer in der Praxis wartet, kommt im Lehramtsstudium so gut wie nicht vor. Das weiß man seit Jahren, und trotzdem ändert sich die Lehrerausbildung nur punktuell und in Trippelschritten. Was Lehrer können müssen, sind Coachingmethoden sowie das kleine Einmaleins der angewandten Psychologie. Was sie auf jeden Fall beherrschen sollten, sind Managementfähigkeiten, konstruktives Führungsverhalten und Konfliktlösung. Alles das ist mindestens so wichtig wie das fachliche Wissen, das sie den Schülern vermitteln sollen.

VON PUTZFRAUEN, GLÄSERNEN DECKEN UND MENSCHEN WIE MIR

Tatsache ist: Kinder aus sozial schwierigen Verhältnissen, Kinder, deren Eltern keine Bildungsbürger sind und nicht über ein Beziehungsnetzwerk verfügen, tun sich schwer und stoßen nicht selten gegen gläserne Wände und gläserne Decken. In den PISA-Studien der OECD kann man diese Zusammenhänge nachlesen. Man kann aber stattdessen auch nur mit offenen Augen durch die Welt gehen. Die Wortführer von »Fridays for Future« beispielsweise sind redegewandte junge Leute mit großem Selbstbewusstsein. Und alle sind sie Kinder der »oberen Zehntausend« – oder zumindest Kinder aus bildungsaffinen Akademikerhaushalten mit besten Kontakten in die Welt der Entscheider und Meinungsbildner. Viele von ihnen haben bereits Praktika oder Schulbesuche im Ausland absolviert und werden von Stiftungen und deren jeweiliger Begabtenförderung unterstützt. Das lässt sich bei Wikipedia nachlesen, denn die Teilnehmer der deutschen Fridays-for-Future-Demonstrationen wurden im März 2019 wissenschaftlich durch das »Institut für Protest- und Bewegungsforschung« untersucht. Danach waren 71,8 Prozent der sehr jungen Teilnehmer (14 bis 19 Jahre alt) Schüler oder Studenten, wobei praktisch *alle* Schüler auf Gymnasien gingen. Der Anteil derjenigen Jugendlichen, die eine Haupt- oder Mittelschule besuchten, lag bei 0,6 Prozent.[47]

Auch die soziale Zusammensetzung der Stipendiatinnen und Stipendiaten der »Studienstiftung des deutschen Volkes« spricht Bände. Die Studienstiftung, wie sie in Kurzform genannt wird, ist die renommierteste Förderstiftung der Republik mit einem legendären Alumni-Netzwerk. Bezeichnenderweise war es jahrzehntelang ein offenes Geheimnis, dass Kinder von (Hochschul-)Lehrern auffallend überrepräsentiert waren unter denjenigen, die als herausragend begabt und deshalb als förderwürdig anzusehen sind. Kein Wunder, dass Kinder aus prekären Verhältnissen, die sich vielleicht auch nicht so geschmeidig bei mündlichen Kennenlern-Gesprächen verhalten wie ihre Altersgenossen aus gutbürgerlichen Kreisen, viele Jahre deutlich unterrepräsentiert waren. Und heute? Die Studienstiftung sei stolz darauf, den Anteil an Stipendiaten aus Nichtakademikerfamilien auf etwa 30 Prozent gesteigert zu haben, wie man nachlesen kann. Im Umkehrschluss bedeutet das aber, dass nach wie vor deutlich über zwei Drittel aller Stipendiatinnen und Stipendiaten aus gutbürgerlichen Akademikerkreisen stammen. Wenigstens ist die Quote von jungen Leuten aus Zuwandererfamilien mit etwa 20 Prozent recht ordentlich, gemessen an ihrem Anteil an der Gesamtbevölkerung.

Ich habe die Mechanismen am eigenen Leib erfahren. Auch mir wurde von Eltern mancher Klassenkameraden deutlich zu verstehen gegeben, dass ich »kein Umgang mehr« für ihre Kinder sei, nachdem ich auf die Hauptschule gehen musste und die Freunde auf weiterführende Schulen gewechselt waren. Das hat mir damals wehgetan – auch wenn es mich angestachelt hat, es allen zu zeigen und aufzusteigen. Für mich gab es damals noch nicht die Möglichkeit, eine Gesamtschule zu besuchen. Von einer Studienstiftung des deutschen Volkes wusste ich noch nicht einmal etwas. Aber ich habe mir über die Berufsfachschule zumindest einen Realschulabschluss erarbeitet, der zum Grundstein für meinen beruflichen Aufstieg in der Banken- und Versicherungsbranche wurde.[48] Heute vermisse ich nichts. Ein Studium ist eben nicht das allein selig machende Ticket in eine erfolgreiche Berufslaufbahn. Gute Bildung und Aufstiegschancen schon.

Aber nicht bei jedem Kind ohne Beziehungsnetzwerk klappt das. Viele entdecken für sich keinen erfolgreichen Weg ins (Berufs-)Leben. Und resignieren. Oder werden von ihrem sozialen Umfeld sogar davon abgehalten, nach Bildung und Erfolg zu streben. Der Teufelskreislauf von Bildungsarmut und prekären sozialen und familiären Verhältnissen ist in Deutschland bislang nicht entscheidend durchbrochen worden, so scheint mir.

Ich höre immer wieder das *Vorurteil*, dass die FDP sowieso eine Partei der »Bonzen« und der Bessergestellten sei – und also gar nicht die »richtige« Partei sei, um über den Zusammenhang von sozialen Verhältnissen, Aufstiegsversprechen und Bildung zu sprechen. Doch das ist weiter nichts als ein Vorurteil, das von manchen unserer politischen Gegner und manchen linken Medien wider besseres Wissen gepflegt wird. Vergleicht man das Umfeld der Grünen mit demjenigen der FDP, sieht man: Deutlich »arrivierter« sind die Anhänger und Wähler der Grünen – denen aber ihr hoher Akademikeranteil ebenso wenig vorgehalten wird wie die materielle Sicherheit ihrer Wählerschaft. Schon seit Anfang des Jahrzehnts ist die »Verbürgerlichung« der Grünen an der Tatsache ablesbar, dass ihre Wähler nicht nur über die höchsten Bildungsabschlüsse verfügen, sondern auch überdurchschnittlich gut verdienen.[49]

Schon 2013 gehörten die Wähler der Grünen zu den wohlhabendsten Deutschen, wie eine Studie des Deutschen Instituts für Wirtschaftsforschung (DIW) bestätigte. Unter den 20 Prozent Topverdienern in Deutschland sympathisierten schon damals 17 Prozent mit der Ökopartei. Die FDP kam 2013 in der Gruppe der Topverdiener gerade einmal auf einen Anteil von acht Prozent.[50] Dieser sozioökonomische Trend hat sich in den letzten Jahren verschärft, zumal bei der letzten Bundestagswahl der Anteil der Jungwähler bei der FDP besonders hoch war – und Jungwähler gehören eher seltener zu Topverdienern. Auch eine weitere Wahrheit ist aufschlussreich: Die Grünen kommen in der materiell bestens abgesicherten Beamtenschaft auffällig gut an. Kurz vor der Wahl 2021 gaben 32 Prozent der Beamtinnen und Beamten an, dass sie Bündnis 90/Die Grünen wählen wollen. Immerhin noch 28 Prozent neigten CDU/CSU zu und 16 Prozent der SPD. Die FDP als Interessenvertretung der Selbstständigen, der Freiberufler und Partei der Aufsteiger kam in dieser Umfrage praktisch gar nicht vor.[51]

Jens Teutrine, der ehemalige Bundesvorsitzende der Jungen Liberalen, dürfte das bestätigen. Und kann selbst davon berichten, wie es ist, unterschätzt zu werden. Teutrine wuchs gemeinsam mit einer Schwester als Kind einer alleinerziehenden Mutter in Rheda-Wiedenbrück in Westfalen auf und wurde wegen einer Sprachstörung in eine Förderschule eingeschult. Von dort war es nicht nur wegen seiner Sprachstörung ein weiter Weg auf die Universität. Er war der

Erste der Familie, der Abitur gemacht, die Uni besucht und Philosophie und Sozialwissenschaften studiert hat.

Wie auch ich ist Jens Teutrine der Meinung, dass Deutschland sein Aufstiegsversprechen erneuern muss. Armut wird immer noch viel zu häufig weitervererbt. Und die Partei, die für Aufstieg und beste Bildung steht, ist die FDP. In einem Interview ein Jahr vor der Bundestagswahl sagte Teutrine: »Mich haben die Werte der FDP überzeugt. Nicht die Herkunft, das Geschlecht, die Religion oder der soziale Hintergrund sollen über Chancen im Leben entscheiden, sondern Charakter, Leistung und Fleiß. Liberale trauen Menschen etwas zu: Wir wollen Flügelheber sein für die, die vorankommen, aufsteigen wollen und sich dafür anstrengen. Anders als linke Parteien gönnen wir den Menschen dann aber auch, in den Urlaub zu fahren oder ein eigenes Auto zu kaufen, statt Neid und Missgunst zu säen. Dieses liberale Gerechtigkeitsverständnis war für mich Ansporn, selbst politisch aktiv zu werden.«[52]

Und auf die Frage, warum eine Frau, die ihr Geld mit dem Putzen verdient, FDP statt SPD wählen solle, antwortete er: »Eine Putzfrau will nicht bemitleidet werden. Sie möchte, dass harte Arbeit und Fleiß belohnt werden. Sie will, dass ihre Kinder unabhängig vom sozialen Hintergrund faire Chancen haben, ihnen Türen offen stehen und sie etwas erreichen können. Sie glaubt daran, dass gute Bildung der Antrieb für sozialen Aufstieg sein muss.« Und ganz nebenbei verrät er, dass Christian Lindner den sozialen Wohnungsbau auch nicht nur aus dem Haushaltsplan des Bundestages kennt. Denn: Auch Lindners Mutter war alleinerziehend und nicht auf Rosen gebettet.

Jens Teutrine fordert also aus guten Gründen eine »Exzellenz-Initiative« nicht nur für Universitäten, sondern auch in der beruflichen Bildung. Und er fordert eine bessere Förderung der Digitalisierung der Schulen in Deutschland. Forderungen, die ich zu 100 Prozent unterstütze. Und: Auch er kritisiert – wie ich – den Bildungsföderalismus in Deutschland. Seit 2021 ist mein Parteifreund Jens Teutrine Abgeordneter im Deutschen Bundestag und macht Politik auch in meinem Sinne.

BILDUNG HÖRT NICHT MITTAGS AUF. WIRTSCHAFTLICHER WETTBEWERB AUCH NICHT

Schon vor über zehn Jahren war klar, dass wir die wirtschaftlichen Herausforderungen der kommenden Jahre und Jahrzehnte nur werden meistern können, wenn wir unsere wichtigste Ressource, das Humankapital, zu mobilisieren lernen und mehr aus diesem Schatz machen. Es bleibt uns nämlich nichts anderes übrig. Wenn ich in dem Buch blättere, das ich auf Anregung von Helmut Schmidt geschrieben und 2011 in einem kleinen Verlag publiziert habe, dann komme ich aus dem Kopfschütteln nicht mehr heraus. Vieles, viel zu vieles ist nach wie vor aktuell. Unsere Schulen generieren nach wie vor zu viele Bildungsverlierer. Zu viele menschliche Ressourcen bleiben ungenutzt. Die MINT-Lücke wurde nicht geschlossen, im Gegenteil. In manchen Branchen sind Ingenieure mittlerweile echte Mangelware. Der »qualifikatorische *mismatch*« ist so dramatisch wie schon vor Jahren, soll heißen: Die verfügbaren Arbeitskräfte haben nicht die Qualifikationen, die unsere Volkswirtschaft, unsere Unternehmen benötigen.

Noch immer gibt es viel zu viele sogenannte funktionale Analphabeten in unserem Land, die sich mit Bildchen, Piktogrammen und Wort-Bild-Marken durch ihren Alltag schummeln. Eigentlich ist es sogar schlimmer geworden: Immer mehr Schulabgänger können zwar lesen und schreiben, haben aber Schwierigkeiten, komplizierte oder längere Texte zu verstehen. Oder bringen gar nicht mehr die Konzentration dafür auf, sich auch nur fünf Minuten mit einem Text auseinanderzusetzen. Twitter, Instagram, TikTok und Co. lassen grüßen. Nicht nur bei diesem Thema fallen Bildungs- und Kompetenzvermittlung zusammen: Schwierige Sachverhalte zu durchdringen und im Kopf strukturieren zu können – und dann einer dritten Person alles in eigenen Worten erläutern zu können, das muss man lernen und trainieren.

Im Jahr 1968, vor über 50 Jahren, veröffentlichte der Deutsche Bildungsrat, eine von Bund und Ländern gegründete Kommission zur Bildungsplanung, Empfehlungen zu Ganztagsschulen. Es ist verblüffend, wie sehr sich die heutigen Argumente für die Ganztagsschule mit den damaligen Überlegungen decken. Schon damals wusste man, dass nur Ganztagsschulen in der Lage sind, soziale Unterschiede halbwegs auszugleichen, einen besseren, sprich: kameradschaftlicheren Kontakt zwischen Schülerinnen und Schülern aus verschiedenen sozialen Schichten herzustellen und das sprachliche Niveau aller Schüler spürbar zu verbessern. »Eine humane Bildungspraxis stiftet Einheit, sie separiert und selektiert nicht«, so bringt es Julian Nida-Rümelin, Philosoph und Fachmann für angewandte Ethik, in seinem Buch *Philosophie einer humanen Bildung* auf den Punkt.[53] Interessant ist in diesem Zusammenhang, dass auch die deutsche Unterscheidung zwischen Bildung und Erziehung in anderen europäischen Sprachen wie dem Englischen oder Französischen unüblich ist. Auch in Deutschland sollte sich die Erkenntnis weiter durchsetzen, dass der Bildungsweg eines Menschen als ganzheitlich gesehen werden muss. Denn der Bildungsweg formt die eigene Identität nicht unmaßgeblich mit. Persönlichkeitsentwicklung und Bildung gehen ineinander über und zahlen aufeinander ein. Nida-Rümelin hat völlig recht, wenn er lapidar feststellt: »Es ist nicht Aufgabe der Bildung, Stände, Klassen, Einkommensgruppen oder kulturelle Gemeinschaften zu schaffen.«[54] Soll heißen: Es kann nicht sein, dass irgendwelche Grundschullehrer schon Neun- und Zehnjährige danach einteilen, wer aufs Gymnasium geht und studieren darf und wer nicht. Genauso falsch ist allerdings der Ansatz vieler linker Sozialingenieure, die Schule als Lösungsinstanz aller gesellschaftlichen Probleme verstehen wollen. Doch das sind Bildungseinrichtungen nicht – und sollten es auch nicht sein wollen.

Schulen sind keine Nivellierungsanstalten. Schulen sollen Bildung vermitteln. In einem umfassenden Sinne. Und dadurch jungen Menschen Pfade in eine gelingende, ganz persönliche Zukunft aufzeigen.

Zurück zur Ganztagsschule. Es liegt auf der Hand, dass die traditionelle deutsche Art, die Schule mittags enden zu lassen, in vielen anderen Ländern wie England, Frankreich oder in Skandinavien völlig unüblich ist. Deutschland hat in Sachen Schule einen Sonderweg beschritten, der *alles andere als erfolgreich* zu nennen ist, je länger er dauert und damit letztlich Ausdruck eines zu engen Erziehungs- und Bildungsbegriffs ist.

Ein Umdenken in Sachen Ganztagsschule gab es allerdings hierzulande erst um das Jahr 2000 herum. Einerseits erkannten immer mehr junge Eltern, vor allem junge Mütter, dass sie keine Chance haben, in ihren Beruf zurückzukehren, wenn sie ihre Kinder spätestens um 13 Uhr wieder in Empfang nehmen müssen. Andererseits passierte PISA – die internationale Schulleistungsuntersuchungen der OECD namens *Programme for International Student Assessment*, kurz PISA-Studie genannt. Sie hat sich zum Ziel gesetzt, weltweit die alltags- und berufsrelevanten Kenntnisse und Fähigkeiten von 15-Jährigen zu messen und international vergleichbar zu machen. Und das alle drei Jahre. Deutschlands Schüler schnitten beim Vergleich der Länder, was das Wissen und die Kompetenzen in den verschiedenen Fächern anbelangt, alles andere als glänzend ab. Der damalige Bundeskanzler Gerhard Schröder versprach daraufhin vor der Bundestagswahl 2002, dass im Falle seines Wahlsieges der Bund vier

Milliarden Euro in den Auf- und Ausbau von Ganztagsschulen investieren werde. Schröder, der sich der Vorteile von Ganztagsschulen bewusst war, hielt sein Versprechen. Das Investitionsprogramm »Zukunft Bildung und Betreuung« (IZZB) löste in den folgenden Jahren einen kleinen Boom bei den Ganztagsschulen aus. Zwischen 2002 und 2006 verdoppelte sich die Zahl der »schulischen Verwaltungseinheiten mit Ganztagsbetrieb im Primar- und Sekundarbereich I« auf etwa 10 000 Schulen.

Die jüngsten Zahlen der Kultusministerkonferenz, die den Zuwachs zwischen 2015 und 2019 dokumentieren, vermelden für 2019 knapp 19 000 Ganztagsschulen in Deutschland. Tendenz steigend.[55] Das ist eine gute Nachricht. Warum? Weil das Erledigen von Hausaufgaben gemeinschaftlich erlebt wird und sich Gruppen bilden, die sich gegenseitig helfen. Die Schülerinnen und Schüler werden zu mehr Selbstständigkeit erzogen. Es bleibt mehr Raum für gemeinsame Aktivitäten. Begabungen können frühzeitig gefördert werden – auch wenn die Eltern diese gar nicht erkannt haben oder an der Bildung ihrer Kinder kein großes Interesse zeigen (das gibt es auch – leider). Benachteiligungen können rechtzeitig vermieden werden. Darüber hinaus erleichtern Ganztagsschulen natürlich die Vereinbarkeit von Familie und Beruf. Auch die Kinder lernen, dass ihre Eltern ein eigenes Leben und Verpflichtungen haben. Abgesehen davon: Eine Industrienation wie Deutschland, die sich mehr und mehr zu einer Wissensökonomie wandelt, ist nicht wettbewerbsfähig in einem Bildungs- und Rollenverständnis, das ein Elternteil ans Haus und in die Kinderbetreuung zwingt.

Denn das vergisst man allzu leicht bei ideologisch grundierten Debatten über das Für und Wider der Ganztagsschule: Die Welt da draußen dreht sich weiter und verändert sich. Deutschland muss Schritt halten und sich selbst ebenfalls verändern. Die Aufgabe dabei ist, dass die Qualität stimmt und die Standards gut sind. Und das ist, glaube ich, in den letzten zehn, fünfzehn Jahren manchmal außer Acht gelassen worden.

WAS SIND EXZELLENTE SCHULEN?

Was also macht beste Bildung aus? Wie gesagt: Es muss mehr investiert werden. In die *Hardware*, also in Gebäude, in Ausstattung, in das Lehrpersonal. Und wenn ich »investieren« sage, dann meine ich das *in einem unternehmerischen Sinne*, nicht das gedankenlose Verteilen von Steuergeld mit der Gießkanne oder die organisierte Verantwortungslosigkeit von Kultusbehörden ohne Realitätsbezug. Wir haben in unserem Land scheinbar für alles Geld: für üppig aus Steuermitteln bezuschusste Bürgerfeste, dafür, städtische Flaniermeilen wie die Berliner Friedrichstraße versuchshalber (und gegen die Einwände der angrenzenden Gewerbetreibenden) in einen Fahrradschnellweg zu verwandeln, für Brücken, die nirgendwohin führen oder schlicht sinnlos sind. Man lese nur die Beispiele, die der Bund der Steuerzahler jedes Jahr sammelt oder der Bundesrechnungshof bemängelt.[56] Es ist zum Haareraufen. Gleichzeitig haben Länder und Kommunen angeblich kein Geld und oft noch nicht einmal mehr die bauplanerische Kompetenz, marode Schulen zu sanieren.

Hier stimmt etwas nicht in der *Prioritätensetzung*. Vom Gedanken des »Investierens in die Zukunft« reden wir da noch gar nicht.

Meiner Meinung nach besteht das *Schulsystem der Zukunft* aus Gymnasien und integrierten Gemeinschaftsschulen mit hoher Durchlässigkeit. Ganz im Sinne von Julian Nida-Rümelins geschilderten Prinzipien einer humanen Bildungspraxis. Die vielen praktischen Erfahrungen, gerade in Nachbarländern, untermauern die Forderung nach Ganztagsschulen mit hoher Durchlässigkeit. Die Trennung der Kinder schon nach dem vierten Jahr der Grundschule habe ich weiter oben bereits kritisiert. Vielleicht beruht der jahrelange Streit über die Trennung der Kinder in verschiedene Schullaufbahnen und Lerntempos auf einem Denkfehler. Wie wäre es, in Kategorien der Flexibilisierung zu denken und sich davon leiten zu lassen? Also Möglichkeiten zu schaffen, dass schon jüngere Schulkinder in einigen Fächern einem ambitionierten Lerntempo folgen können, während sie in anderen Fächern langsamer und mit vielen Wiederholungsschritten lernen können. Denn es ist ebenso unmenschlich, psychologisch belastend und also destruktiv, aufgeweckte, lernbegierige Kinder am Lernen regelrecht zu hindern (und das mit dem Argument der sozialen Gerechtigkeit und »Gleichstellung«), wie es indiskutabel ist, Kinder aus schwierigen sozialen Verhältnissen ihrem Schicksal zu überlassen und zu entmutigen. So oder so: Ein stigmatisierendes »Zurücklassen« der Hälfte eines Jahrgangs in »Restschulen« muss verhindert werden. Die Stigmatisierung von besonders Begabten als »Streber« und »Störer« allerdings auch.

An sozialen Brennpunkten und in Stadtvierteln mit einem auffällig hohen Anteil von bildungsfernen Migrantenmilieus muss besonders klug und viel in Bildung investiert werden. Das Beispiel Campus Rütli in Berlin hatte ich ja schon genannt. Gut, dass die FDP genau das ab 2022 vorantreiben will. Das Stichwort lautet »Talentschule«. Ein entsprechender Schulversuch in Nordrhein-Westfalen, der darauf abzielt, Startnachteile auszugleichen und Kinder aus sozial schwachen Stadtvierteln zu fördern, steht dabei Pate. Mehr dazu weiter unten.

Auch an der Lehrerausbildung ist vieles zu ändern und zu verbessern. Doch das Einzige, was bisher geschieht, ist, dass die Bundesländer sich gegenseitig junge Lehrer abspenstig machen über den Anreiz der lebenslangen Verbeamtung. Auch auf das Thema Föderalismus werde ich gleich noch näher eingehen. Obligatorische Fortbildungen für Lehrerinnen und Lehrer, egal welcher Schulform, müssten flächendeckend Pflicht sein. Ebenso Foren für Lehrer, die dem Erfahrungsaustausch dienen und wo sie auf Experten von Inhaltsvermittlungen aus Unternehmen treffen. Die Schulen in Deutschland und vor allem seine Lehrerinnen und Lehrer schmoren zu sehr und viel zu lange im eigenen Saft.

Beispiel Digitalisierung: Glaubt wirklich jemand ernsthaft daran, dass wir über ein, zwei umständlich anberaumte Fortbildungen für 45-jährige Deutsch-, Mathematik- oder Sachkundelehrer dahin kommen, dass sie sich danach auf der Höhe des digitalen Fortschritts wähnen dürfen? Und ihren Schülerinnen und Schülern die Möglichkeiten der neuesten Smartphones, der besten Cloud-Anwendungen und überhaupt Tipps und Tricks von Google bis TikTok, von SAP bis Microsoft, Apple & Co. vermitteln können? Nun, ich glaube das nicht. Wäre es nicht der klügere Weg, sich dieses aktuelle Fach- und Anwendungswissen *in die Schulen hineinzuholen* – über umfangreiche Kooperationen mit kleinen und großen Digitalunternehmen, mit Stiftungen und Initiativen? Es gibt in jeder noch so kleinen Stadt und jedem Landkreis unzählige Fachleute und Praktiker des ganz realen digitalen Wandels. Kleine Unternehmen, die sich darüber freuen würden, mit jungen Leuten – mit dem Nachwuchs – ins Gespräch zu kommen. In jeder Schule wird es Dutzende von Eltern geben, die beruflich mit Internet & Co. zu tun haben.

REGELMÄSSIGE TED-KONFERENZEN FÜR LEHRER UND SCHULVERWALTUNGEN ODER: WARUM BILDUNGSFÖDERALISMUS NICHT FUNKTIONIERT

Wenn sich die Kultusbehörden und Verwaltungen offener zeigten, wäre viel möglich. Gibt es eigentlich regelmäßige TED-Konferenzen für Schulen, für Lehrer, für schulpädagogische Initiativen? Nein? *Warum nicht?* Dabei wäre das TED-Format[57] genau das, was Schulen bräuchten, und zwar Lehrer und Schulbehörden, Schuldirektorinnen und Schulleiter ebenso wie Elternvertreter: Einen Tag lang tauschen Gruppen von Fachleuten unterschiedlicher Gebiete ihre Ideen und Erfahrungen aus – gemäß dem Motto der TED-Konferenzen: *Ideas worth spreading* (»Ideen, die es wert sind, verbreitet zu werden«). TED steht übrigens für »Technology, Entertainment, Design«, denn ursprünglich waren TED-Konferenzen Entwicklerkonferenzen. Das Konzept dieses Formats ist brillant und wird deshalb mittlerweile weltweit nachgeahmt und genutzt. Sein Kern: Jeder Vortragende hat maximal 18 Minuten Zeit, seine Idee persönlich, gut verständlich und ansprechend zu präsentieren. In freier Rede. Kein Powerpoint-Kauderwelsch, kein Fachchinesisch.

Die Beamtinnen und Beamten der Landesschulbehörden und der Landesbildungsministerien müssen mehr voneinander lernen. Sich gegenseitig auf Ideen bringen, Ideen adaptieren, Probleme diskutieren, Fallbeispiele durchsprechen. Und: Schulen brauchen mehr Eigenständigkeit. Direktoren an staatlichen wie städtischen Schulen sind in allen Bundesländern mehr ein verlängerter Arm der Kultusbürokratie und weniger Managerinnen und Manager ihres Bildungsbetriebes. Das kann und muss man ändern. Auch dafür braucht man Fortbildungen, Freiräume, Ideen – und anfangs vielleicht etwas Mut. Vor allem in den Staatskanzleien der Ministerpräsidentinnen und -präsidenten.

Oft ist es leider der Bildungsföderalismus, der zusätzlich destruktiv wirkt und verhindert, dass Deutschland wieder eine führende Bildungsnation werden kann. Lehrpläne, die nicht zusammenpassen, pädagogische Methoden, die nichts taugen, aber aus ideologischer Verbohrtheit in manchen Regionen weitergeführt werden: Wie will man als Familie innerhalb Deutschlands umziehen, wenn die Lehrpläne überhaupt nicht kompatibel sind? Wenn in einer Schule noch auf unabdingbare Kulturtechniken wie Lesen und Schreiben Wert gelegt wird – andernorts aber »Schreiben nach Gehör« angesagt ist und Kindern nur eine Art Blockschrift vermittelt wird, so als ob es nur Wachstafeln gäbe? Nein, der kleinteilige und oftmals auch kleinkarierte *Bildungsföderalismus muss überwunden werden.* Auch wenn es erregte Debatten geben wird und das Ganze natürlich auch nicht in einem einzigen Schritt realisiert werden kann.

Um nicht falsch verstanden zu werden: Subsidiarität ist im Prinzip eine gute Sache. Für die Eigenständigkeit der Bundesländer gibt es historische Gründe. Zudem besitzen die meisten Menschen eine emotionale Verbundenheit mit ihrer Heimatregion. Politik darf nie nur am Reißbrett gemacht werden. Politik, gerade Bildungspolitik, zielt immer auf Menschen. Aber Bildung und Schulunterricht dürfen nicht zerrieben werden in einer Kirchturmpolitik, die einen chaotisch anmutenden Flickenteppich produziert, der dem Land nicht guttut und international nicht wettbewerbsfähig ist. Die Föderalismusreform I aus dem Jahre 2006 war aus diesem Grund ein schwerer Fehler. Vor allem das Kooperationsverbot von Bund und Ländern bei der Finanzierung des Bildungssektors war ausgesprochen kurzsichtig. Zum Glück wurden einige der schlimmsten Folgen dieser Reform korrigiert. Im Juli 2017 wurden die Regeln im Grundgesetz, was die Finanzbeziehungen der Länder anbelangt, neu gestaltet. Dabei wurden unter anderem die Kompetenzen des Bundes erweitert, wenn er Investitionsvorhaben von Ländern und Kommunen mitfinanziert. Der neue Art. 104c des Grundgesetzes gestattet es dem Bund seit kurzem wieder, Finanzhilfen für gesamtstaatlich bedeutsame Investitionen zu geben. Davon profitieren werden vor allem Bildungsinfrastrukturen von chronisch finanzschwachen Kommunen. Dem Bund ist es also nicht mehr grundgesetzlich verboten, in solchen Fällen zu helfen – und die Umsetzung zu kontrollieren und zu evaluieren. Auch in anderen Politikfeldern soll das Zusammenwirken von Bund und Ländern verbessert werden. Manche Juristen sprechen in diesem Zusammenhang sogar von einer »stillen Föderalismusreform III«.[58]

EXZELLENZ? EXZELLENZ! GERADE JETZT

Wie bereits erwähnt: Die »Agenda 2010«, Gerhard Schröders Reformwerk, war in weiten Teilen eigentlich als Bildungsrevolution gedacht. Integraler Bestandteil sollte die sogenannte Exzellenzinitiative des Bundes und der Länder zur Förderung von Wissenschaft und Forschung an deutschen Hochschulen sein. Im Jahr 2005, dem Jahr von Schröders Abwahl, ging es los, parallel zur Umstellung des Hochschulwesens durch den EU-Bologna-Prozess. 2017/2018 wurden einige Veränderungen vorgenommen und das Förderprogramm als Exzellenz*strategie* fortgeführt.

Letztlich reagierte die Bundesregierung mit der Exzellenzinitiative auf das sogenannte Lissabon-Programm der EU aus dem Jahre 2000. Darin verpflichteten sich die EU-Mitgliedstaaten, in ihre Bildungs- und Wissenschaftssysteme zu investieren, um Europa so bis 2010 zum »wettbewerbsfähigsten und dynamischsten wissensgestützten Wirtschaftsraum der Welt« zu machen. Die Exzellenzinitiative sollte in diesem Zusammenhang den Wissenschaftsstandort Deutschland stärken, seine internationale Wettbewerbsfähigkeit verbessern und Spitzenforschung an deutschen Hochschulen sichtbar machen.

Das Lissabon-Programm der EU ist, wie wir wissen, kläglich gescheitert. Die Musik spielt, was *dynamische* und *wissensgestützte* neue Unternehmen und Geschäftsmodelle anbelangt, nach wie vor in den USA – und in China sowie in einigen asiatischen Ländern, von Singapur über Südkorea bis Taiwan. Am vollmundig erklärten Lissabon-Ziel und der nüchternen Wirklichkeit kann man deutlich ablesen, woran es bis heute hapert. In Europa, aber auch in Deutschland. Natürlich gibt es Gegenbeispiele, großartige, maßstabsetzende Initiativen und sagenhafte Erfolge, auch in Deutschland. Über sie und darüber, was Politik und Gesellschaft von ihnen lernen können, schreibe ich ausführlich im folgenden Kapitel 4. Das Mainzer Vorzeigeunternehmen BioNTech samt Biotech-Cluster habe ich ja bereits erwähnt.

Und die Exzellenzstrategie der Bundesregierung? Sie bleibt eine janusköpfige Angelegenheit. Interessant ist, was der Bildungsphilosoph Konrad Paul Liessmann bereits 2006 kritisierte: dass es nämlich nicht zusammenpasst, akademische Bildung einerseits massentauglich machen zu wollen und mindestens 50 Prozent eines Jahrgangs durch eine Hochschule zu schleusen – aber andererseits in Wettbewerb mit den Elitehochschulen in den USA, in Frankreich, China, Singapur oder Großbritannien treten zu wollen.[59] Das heißt natürlich nicht, dass man vier Fünftel eines Jahrgangs die Chance auf akademische Bildung, und sei es nur in Form eines Bachelorabschlusses, verweigern soll. So wie früher. Dass Unis wieder elitär werden sollen. Nein. Es heißt, dass die Lehr- und Forschungstätigkeit und insgesamt das *System Universität* an die Wirklichkeit angepasst werden müssen. Und zwar radikaler, als es bislang geschieht. »Das Schreckgespenst der Massenuniversität hätte allerdings viel von seinem Schrecken verloren, hätte man sich den damit verbundenen

Problemen angemessen gestellt«, so Liessmann bereits im Jahr 2006.[60] Das beginnt bei einer effizienten Verwaltung, gefolgt von einer Begrenzung des Gremienunwesens und endet bei der Aufwertung der Lehre.

Es ist von Übel, dass der Konflikt zwischen Forschung und Lehre immer noch nicht aufgelöst worden ist. Das Einwerben von Drittmitteln und die Anzahl von Veröffentlichungen in Form von Büchern oder Aufsätzen in *Peer-Review*-Publikationen ist entscheidend für das Fortkommen einer Dozentin oder eines Dozenten. Lehre und die fachliche Betreuung von Studierenden ist zumeist eine lästige, zeitraubende Pflichtübung für Professoren. Das Ergebnis einer solcherart dysfunktionalen Massenuniversität ist klar: Das Durchschleusen möglichst großer Zahlen an Absolventen wird erkauft durch den Verlust an Wissenschaftlichkeit und Qualität. Die sogenannte Betreuungsrelation an einer typischen deutschen Universität ist nach wie vor unbefriedigend und deutlich schlechter als an jeder x-beliebigen Schule.[61] Man muss gar nicht das traumhafte Betreuungsverhältnis von etwa 1:10 an US-amerikanischen Eliteuniversitäten heranziehen, um aufzuzeigen, dass hier etwas nicht stimmt. In Deutschland beträgt dieses Verhältnis 1:18,4.

Hinzu kommt, dass Hochschullehrer als Lehrende noch immer weitgehend Autodidakten sind. Die alte Forderung des Wissenschaftsrates von 2008, dass die Wettbewerbsfähigkeit des deutschen Hochschulsystems letztlich daran hängt, dass wir eine *neue Lehrkultur* entwickeln, ist nach wie vor richtig. Nur so kann der schwelende Konflikt zwischen Forschung und Lehre beigelegt werden.

Auch die Art und Weise, wie Universitäten nach Drittmitteln Ausschau halten und das Fortkommen der Dozenten und Professoren direkt daran knüpfen, ob sie »Geld mitbringen« oder nicht, ist unfair und führt zu Unwuchten und Verzerrungen in der Forschung. Die Hauptursache ist seit Jahren die gleiche: Für die Grundfinanzierung von Hochschulen sind erst einmal die chronisch finanzschwachen Länder zuständig. Wachsende Pensionslasten machen den Landeskassen zu schaffen, einfache Tarifsteigerungen werden zum Problem. Auf dieser Basis ist der Wettbewerb mit Spitzenuniversitäten im Ausland schlicht illusorisch. Über den unseligen Bildungsföderalismus habe ich ja bereits im vorangegangenen Abschnitt dieses Kapitels das Nötige gesagt. Ich kann es nur wiederholen: Es wäre wünschenswert, dass Bund und Länder den gordischen Knoten durchschlagen und die Finanzierung von wichtigen Bildungseinrichtungen sowie die Harmonisierung der Lehrpläne an Schulen forcieren.

Mit Blick auf die Exzellenzstrategie des Bundes für die Universitäten bleibt die ernüchternde Erkenntnis, dass vollmundige Politikerprosa nur selten das hält, was sie verspricht. Anders gesagt: *Public Relations ersetzen keine Politik*. Worauf es ankommt, ist, ein klares Ziel vor Augen zu haben und beharrlich Steine aus dem Weg zu räumen, bis sich der Erfolg einstellt. Und, ich wiederhole mich: Bildung übergreifend zu denken, Best-Practice-Beispiele zu adaptieren sowie Unternehmer und ihre Erfahrungen einzubeziehen.

Immerhin: An den außeruniversitären Forschungseinrichtungen sieht es besser aus. Deutschland hat mit den Max-Planck-Instituten, der Helmholtz-Gesellschaft, der Leibniz-Gemeinschaft, den Instituten der Fraunhofer-Gesellschaft, der Nationalen Akademie der Wissenschaften Leopoldina, den Mitgliedern der Deutschen Forschungsgemeinschaft (DFG) und vielen anderen Wissenschaftsorganisationen ein starkes Pfund in der Wissenschaftsförderung. Das Positive daran: Mindestens 50 Prozent der Förderung kommen aus dem Etat des Bundes. Jedenfalls in der Regel. Das ermöglicht auch in Zukunft Weichenstellungen, die das Land insgesamt voranbringen. Und es ermöglicht die strategische Pflege von *Schnittstellen* zur Anwendung von Forschungsergebnissen und im besten Falle die

Schaffung von Biotopen, aus denen Dutzende von Start-ups hervorsprießen. Auch Werner von Siemens hat einmal in einer Hinterhofwerkstatt angefangen und war auf Startförderung angewiesen. Sein Partner war kein »Highflyer« von der Universität, sondern ein Präzisionsmechaniker: Johann Georg Halske. Beider Traum war es, eine schnelle, elektrisch basierte Kommunikationsform zu schaffen: Telegrafennetze. Den Weltkonzern, der sich aus dieser *Sprunginnovation* entwickelte, gibt es heute noch.

BILDUNG UND FORSCHUNG NEU GEDACHT. MIT TALENTSCHULEN UND HIGH-END-FORSCHUNG IN DIE 20ER-JAHRE

Die FDP hat das *Aufstiegsversprechen*, das im Koalitionsvertrag adressiert wird, wieder in den Blick genommen und dafür eine engagierte und kompetente Frau mit dem wichtigen Bundesministerium für Bildung und Wissenschaft betraut: Bettina Stark-Watzinger. Als frühere Geschäftsführerin des Leibniz-Instituts für Finanzmarktforschung SAFE (Sustainable Architecture for Finance in Europe) der Universität Frankfurt kennt Stark-Watzinger unser Wissenschaftssystem von innen. Als ehemaliges Mitglied des Managements der privaten »EBS Universität für Wirtschaft und Recht« in Oestrich-Winkel weiß sie, wie man eine Eliteuniversität erfolgreich führt. Dass sie dazu von 2017 bis 2020 die Vorsitzende des Finanzausschusses des Deutschen Bundestages war, wird dem Neustart der Bildungs- und Forschungsförderung auch nicht abträglich sein, wie man vermuten darf.

Bettina Stark-Watzinger hat von Anfang an klargemacht, dass sie ihr Ressort als »Chancenministerium« sieht. *Chancen* – das sollte mehr sein als nur ein verheißungsvoll klingendes Wort. In den Koalitionsverhandlungen hat die FDP durchgesetzt, dass der Schulversuch, sogenannte Talentschulen in sozial schwachen Stadtteilen aufzubauen, ab 2022 auf das gesamte Bundesgebiet ausgedehnt wird. An diesen ausgewählten Schulen soll exemplarisch erprobt werden, wie die Entkoppelung von sozialer Herkunft und Bildungserfolg gelingen kann. Die am Schulversuch teilnehmenden Schulen sollen ein besonderes fachliches Förderprofil auf- oder ausbauen. Eine unabhängige Jury wählt jene Schulen aus, die am Talentschulen-Projekt teilnehmen können und dem schwierigen sozialen Umfeld ihrer Schule durch zusätzliche Ressourcen und ein neues Förderkonzept trotzen wollen. Es gibt zusätzliche Lehrerstellen und Geld für spezielle Fortbildungen.

Wollen wir doch mal sehen, ob so nicht Erfolge zu erringen sind, die sonst ausbleiben – oder Kindern aus gut gestellten Familien vorbehalten sind! Auf dieses Vorhaben meiner Partei bin ich besonders stolz. Darüber hinaus hat sich Stark-Watzinger vorgenommen, die BAföG-Förderung elternunabhängiger zu machen, sowie ein sogenanntes Lebenschancen-BAföG einzuführen – was ich ebenfalls vorbehaltlos unterstütze. Auch die Digitalisierung der deutschen Bildungslandschaft wird ab 2022 endlich Fahrt aufnehmen. Die Beantragung von Mitteln wird entbürokratisiert, damit Schulen schneller an das nötige Geld kommen. Geplant ist auch ein »Digitalpakt 2.0«, um Ländern und Kommunen dort finanziell zu helfen, wo der Bund das trotz des hinderlichen Föderalismus tun darf. Und wer weiß, vielleicht ist beim Thema Bildungsföderalismus ja wirklich noch nicht das letzte Wort gesprochen. Bildungs- und Forschungsministerin Stark-Watzinger ist auch an dieser Stelle ähnlicher Meinung wie ich und hätte beim Kooperationsgebot nichts gegen eine Verfassungsänderung einzuwenden, wie sie offen ausspricht. Was nicht gleichzusetzen ist mit einer zentral gelenkten Schulpolitik. Ziel wäre vielmehr eine sinnvolle Aufgabenteilung zwischen Bund und Ländern. Vor allem müssten die Schulen mehr

Selbstständigkeit als heute bekommen, wie ich weiter oben bereits begründet habe.

Richtig anpacken will Bettina Stark-Watzinger im Forschungsbereich, ihrem *home turf*. »Wir wollen den Anteil der gesamtstaatlichen Ausgaben für Forschung und Entwicklung auf 3,5 Prozent des BIP bis 2025 erhöhen.« So steht es im Koalitionsvertrag der Ampelkoalition. Endlich soll der Transfer aus den Hochschulen in die Wirtschaft schneller und unkomplizierter gelingen. Dafür wird die »Deutsche Agentur für Transfer und Innovation« (DATI) gegründet. Sie wird als Schnittstelle konzipiert sein und die Bündelung bestehender Programme ermöglichen. Unterstützt werden sollen vor allem kleinere und mittlere Universitäten sowie Hochschulen mit hoher Anwendungsorientierung. Ermöglicht werden soll, dass Start-ups und mittelständische Unternehmen miteinander in Kontakt kommen und regionale Ökosysteme für unternehmerische Innovationen bilden.

Dass das nicht nur ein wolkiges Vorhaben ist, sondern Hand und Fuß hat, zeigt die Wahl ihrer Staatssekretäre: Thomas Sattelberger und Jens Brandenburg. Sattelbergers gesamter beruflicher Werdegang ist auf das Engste verknüpft mit angewandter, praktischer Bildung und Talentförderung. Auch er ist seinen ganz eigenen Weg gegangen[62] und hat sich nie entmutigen lassen: Seinen Diplom-Betriebswirt hat er an einer dualen Hochschule absolviert im Rahmen einer berufsbegleitenden Ausbildung bei Daimler-Benz. Danach hat er als Personalmanager und Personalentwickler eine steile Karriere gemacht. Thomas Sattelberger weiß, wovon er redet, wenn er über die Schnittmengen von Unternehmen und Hochschulen, über Forschung und ihre Anwendung spricht. Sein Einsatz für eine *humane Marktwirtschaft*, wie er die Weiterentwicklung der Ludwig-Erhard-schen sozialen Marktwirtschaft nennt, ist bewundernswert.[63] Das Interessante an seiner bemerkenswerten Karriere ist allerdings, was er in Sachen Bildung, Weiterbildung und innerbetriebliche Qualifikation in den Unternehmen angestoßen oder etabliert hat. Im Jahr 1989 wurde er Leiter »Education und Management Development« der damaligen Daimler-Benz Aerospace AG (DASA), Mitte der 1990er-Jahre gründete er als Leiter der Personalentwicklung bei der Lufthansa die »Lufthansa School of Business«, die erste Corporate University in Deutschland. 2007 wurde er Arbeitsdirektor und Vorstandsmitglied der Deutschen Telekom, einem Unternehmen, das sich nach seiner Privatisierung in einer heftigen Umbruchphase befand.

Es ist großartig, dass ein erfolgreicher Manager wie Sattelberger als Staatssekretär in ein so wichtiges Ministerium wie das für Bildung und Forschung gegangen ist und seine Erfahrungen aus der Wirtschaft dort einbringt. Das geschieht viel zu selten in Deutschland. Er knüpft auch nahtlos an früheres Engagement an: So saß er mehrere Jahre im Kuratorium des Fraunhofer-Zentrums für Internationales Management und Wissensökonomie IMW in Leipzig und ist Vorsitzender der Nationalen Initiative »MINT Zukunft«, die sich gegen den Fachkräftemangel engagiert.[64]

Jens Brandenburg, der andere parlamentarische Staatssekretär im Bundesbildungsministerium, ist eine komplementäre Ergänzung zur Expertise seines Kollegen Sattelberger: 38 Jahre jünger als dieser, gehört er einer anderen Generation an. Politische Erfahrung und Erfahrung beim Thema Wissenschaft hat er trotzdem mehr als die meisten Politikerkollegen nicht nur seiner Generation: Als Mitglied im Ausschuss für Bildung, Forschung und Technikfolgenabschätzung war Brandenburg Sprecher für »Studium, berufliche Bildung und lebenslanges Lernen« der FDP-Fraktion und Vorsitzender der Fraktions-Arbeitsgruppe »Bildung, Forschung und Technikfolgenabschätzung«. Darüber hinaus saß er für die FDP in der Enquetekommission »Berufliche Bildung in der digitalen Arbeitswelt«.

Ich bin zuversichtlich, dass es Profis wie Stark-Watzinger, Sattelberger und Brandenburg gelingt, die Wissenschaftslandschaft in

Deutschland zu inspirieren und voranzubringen und vor allem Potenziale und kreative Reserven zu heben, die bislang im bürokratischen Unterholz stecken geblieben sind. Denn fruchtbaren Kooperationen von Wissenschaft und Wirtschaft sind eigentlich keine Grenzen gesetzt. Deshalb hat die FDP im Koalitionsvertrag durchgesetzt, aus ausgewählten Standorten so etwas wie Sonderwirtschaftszonen zu schaffen. Die Briten machen es vor. Dort gibt es sogenannte *Enterprise Zones* rund um Spitzenuniversitäten wie Cambridge und Oxford.

Welchen wirtschaftlichen, wissenschaftlichen und gesellschaftlichen Mehrwert eine gelingende Zusammenarbeit solcher Zonen bringen kann, zeigt nicht zuletzt das Beispiel des Santa-Clara-Tals im südlichen Kalifornien, das bis in die 1970er-Jahre vor allem für seine vielen Obstplantagen bekannt war. Die tonangebende Industrie war die Obstverpackung mit ihren knapp 40 Konservendosenfabriken. Mittlerweile heißt diese Gegend »Silizium-Tal«, englisch *Silicon Valley*, und beherbergt über 1000 Computer- und Digitalfirmen. Was man dabei gerne übersieht: Mittendrin steht die private Eliteuniversität Stanford. Dort haben viele Gründer des Valleys studiert, viele Start-ups wurden von der Universität gefördert und unterstützt. Heute gehört sie auch deshalb zu den reichsten und am besten ausgestatteten Universitäten der Welt, weil sie konsequent auf Kooperationen, Ausgründungen und auf gegenseitige Befruchtung der unternehmerischen und wissenschaftlichen Sphäre gesetzt hat und es weiter tut. Das Motto der Stiftungsuniversität Stanford, das alle Siegel und alle Andenken der Hochschule ziert, ist übrigens in deutscher Sprache verfasst und lautet: *»Die Luft der Freiheit weht.«* In diesem Sinne bin ich froh darüber, dass die FDP die Fenster des Bildungs- und Wissenschaftsministeriums in Berlin weit aufgemacht hat und viel frische Luft und mit ihr *freiheitlichen Spirit* hineinlässt.

04

WARUM UNTERNEHMER IN DEUTSCHLAND SO LEISE GEWORDEN SIND – UND WIE DAS WIEDER ANDERS WIRD

14 VON 736

Unternehmer haben es nicht leicht in Deutschland. Obwohl sie es sind, die den Wohlstand in diesem Land maßgeblich erarbeiten. Die Regelungswut ist so hoch wie nie zuvor. Mehr und mehr Vorgaben aus der EU-Hauptstadt Brüssel kommen hinzu, über deren Sinnhaftigkeit man durchaus diskutieren könnte. Schlimmer aber wiegt etwas anderes: Die Sphäre der Politik und die Sphäre der Wirtschaft, vor allem des Unternehmertums, entflechten sich immer weiter. Beide Gruppen, Unternehmer und Politiker, verstehen einander immer schlechter. Sie wissen voneinander nicht, was ihnen im Alltag als Unternehmer oder als Politiker zu schaffen macht. Sie kennen die Herausforderungen, Sorgen und Nöte der anderen immer weniger. Das macht mir Sorgen.

In der vergangenen Legislaturperiode bezeichneten sich noch 76 Bundestagsabgeordnete als Unternehmer. Auch wenn man bei manchen darüber streiten kann, was genau damit gemeint ist. Bei der jüngsten Wahl 2021 fiel das Ergebnis noch bedrückender aus: Der Onlinauftritt der ARD-Nachrichtensendung *Tagesschau* berichtete, dass nur noch 14 von 736 Abgeordneten im neu konstituierten Bundestag Unternehmer sind.[65] *14!* Drei Frauen und elf Männer. Alle politischen Parteien zusammengerechnet, wohlgemerkt. Bei den Grünen, einer der drei Parteien, die die neue Regierung bilden und in der Person von Robert Habeck den neuen Wirtschaftsminister stellen, gibt es einen einzigen Abgeordneten, der sich zumindest selbst als Unternehmer bezeichnet: Maik Außendorf. Es gibt bei den Grünen auch nur einen echten »Arbeiter«, genauer gesagt: eine Arbeiterin, nämlich Tina Winklmann, dafür aber 23 Abgeordnete mit Doktortitel. Fairerweise muss man sagen, dass auch in der neuen FDP-Fraktion 93,5 Prozent der Abgeordneten einen Hochschulabschluss haben, die Akademikerquote also erdrückend ist, was übrigens für alle Fraktionen gilt. Trotzdem bleibt die Frage im Raum stehen, wo die Gründe dafür zu suchen sind, »dass nicht mehr von jenen Bürgerinnen und Bürgern im Parlament vertreten sind, deren Berufs- und Lebenswege nicht nur durch Hörsäle, sondern durch duale Ausbildungen, Weiterbildungen, womöglich ein Abendstudium führten«, wie die Zeitung *Das Parlament* nach der Wahl zum 20. Deutschen Bundestag feststellte.[66]

Mittlerweile wird ja sehr genau darauf geschaut, *welche Minderheit* beziehungsweise welche Bevölkerungsgruppe *wie stark* im Parlament vertreten ist. Es wird »Parität« für Frauen gefordert (ihr Anteil im neuen Parlament liegt bei 35 Prozent[67]), auch wenn ihr Anteil in den Parteien nicht bei 50 Prozent liegt (was zu beklagen ist). Von manchen wird auch eine Quote für Migranten, für Menschen anderer Hautfarbe, für bestimmte Religionszugehörigkeiten, für Menschen mit Behinderung, für Junge und Alte und viele andere Gruppen gefordert. Aktivisten und Politiker, die dies tun, machen sich allerdings nicht klar, dass sie damit letztlich unsere Demokratie und die *Idee des Parlamentarismus* an sich aushebeln. Wohin das letztlich führt, kann man sich leicht ausmalen.

Um es laut und deutlich zu sagen: In einem neuen Ständestaat, wo Lobbygruppen mit fragwürdigen Methoden eine bestimmte Anzahl an Parlamentssitzen für sich beanspruchen, möchte ich nicht leben. Auch das chinesische »Parlament«, sofern man es überhaupt als solches bezeichnen kann, erscheint mir nicht gerade als nachahmenswert – nicht nur wegen seiner Größe von 2980 Abgeordneten.

Ich jedenfalls fühle mich durch junge weibliche Abgeordnete wie Ria Schröder oder Anja Schulz ebenso gut vertreten wie durch den heterosexuellen Mann Bijan Djir-Sarai aus NRW oder den klassischen *alten weißen Mann* Thomas Sattelberger mit seiner unbändigen Energie, seiner Erfahrung und seiner positiven Grundhaltung. Apropos Grundhaltung: Wir sollten nicht vergessen, dass unser Grundgesetz ziemlich eindeutig ist: Jeder Mensch, der Mitglied des Deutschen Bundestages ist, ist Vertreter des ganzen Volkes. Und sollte sich auch so verhalten. Was natürlich nicht heißt, dass die Parteien sich nicht um Diversität, also die Abbildung vieler verschiedener Lebenswirklichkeiten und Erfahrungen, bemühen müssen. Und zwar aktiv. Jeden Tag aufs Neue.

Interessanterweise sind Quoten- und Diversitätsaktivisten weitaus weniger zimperlich und problembewusst, wenn es um Berufsgruppen und, ganz generell, die *Abbildung von Know-how* unter den Volksvertretern im Deutschen Bundestag geht. Womit wir wieder bei den Unternehmern und echten Freiberuflern im Parlament wären. Denn: Niemand fordert eine Unternehmerquote.

Das Unverständnis und zunehmend auch die damit verbundene *Empathielosigkeit* vieler Politiker und Abgeordneter im Bundestag und anderen Parlamenten wird langsam, aber sicher zu einem Problem für Deutschland. Was natürlich von den vielen Anwälten, Berufspolitikern und Parteifunktionären, Angestellten des öffentlichen Dienstes, Sozialpädagogen, Politik- und Kulturwissenschaftlern, die nun MdBs sind, meist gar nicht erkannt wird.

Warum also gibt es so wenige Unternehmer im Deutschen Bundestag? Warum sind nur knapp 1,5 Prozent der Abgeordneten Menschen, die ihre Position an der Spitze eigener Betriebe – vorübergehend – verlassen, um sich für mindestens eine Legislaturperiode in den Dienst der *res publica* zu stellen? Natürlich gibt es mehrere Gründe. Nichts im Leben ist monokausal. Und um es gleich vorwegzunehmen: Die Höhe der Diäten spielt dabei die geringste Rolle. Lassen Sie uns also einigen dieser Gründe gemeinsam nachspüren.[68]

MECHANISMEN DER PARLAMENTARISCHEN DEMOKRATIE – UND DER SOZIALEN MEDIEN

Erstens beginnt es schon mit dem oft steinigen Weg, der zurückgelegt werden muss, um überhaupt einen aussichtsreichen Platz auf der Kandidatenliste einer Partei zu ergattern. Dies zu schaffen, eher: zu erkämpfen, ist ein längeres Unterfangen. Oft dauert es Monate, wenn nicht gar Jahre. Die Zeit, die in zahllose Begegnungen und Gespräche, in Termine, Sitzungen und Veranstaltungen investiert werden muss, kann nicht jeder aufbringen. Dazu der Aufbau und die Pflege eines politischen Netzwerks, das die eigenen Ambitionen unterstützt und fördert – für eine Unternehmerin oder einen Unternehmer mit wöchentlichen Arbeitszeiten meist jenseits der 50 Stunden ist das kaum machbar. Angestellte, zumal im öffentlichen Dienst, tun sich da bedeutend leichter. Und selbst wenn ein Listenplatz ergattert wurde: Der Wahlkampf ist anstrengend, vor allem aber ist er eine Phase, die unglaublich viel Zeit beansprucht. Für noch mehr Gespräche. Für Wahlkampfveranstaltungen. Für Medienarbeit, Straßenwahlkampf und Hausbesuche.

Wahlkampf ist eine Phase, die sich mit zeitlicher Flexibilität, wie sie unternehmerisch manchmal unmöglich ist, nicht gut verträgt – etwa wenn ein neuer Auftrag unter Zeitdruck zu erledigen ist. Oder man alle Hände voll zu tun hat, um einen neuen Auftrag zu bekommen. Wenn entscheidende Mitarbeiter krank sind oder eine Babypause ankündigen. Sich für ein Direktmandat zu bewerben ist fast noch fordernder. Denn man will dann einen der 299 Wahlkreise als direkt gewählter Abgeordneter im Bundestag vertreten und nicht nur Teammitglied auf der Wahlliste sein.

Zweitens: die politischen Inhalte. Es gehört in der Parteiendemokratie dazu, das gesamte Wahlprogramm einer Partei zu vertreten.

Und nicht nur bestimmte Aspekte. Im Klartext: Es wird auch Dinge geben, die einen kaltlassen oder die man sogar für falsch hält. Aber für die man im Wahlkampf als angehender Mandatsträger dennoch geradestehen muss. Auch das ist nicht jedem gegeben. Hinzu kommt die Notwendigkeit, Unterstützung für das eigene Argument, das eigene Anliegen in der Partei, für die man antritt und deren Inhalte man im Parlament vertreten will, zu organisieren. Für einen hart arbeitenden, aber selbstbestimmt lebenden Unternehmer ist das nicht so leicht zu akzeptieren. Übrigens auch nicht für erfolgreiche Manager. Beide sind es gewohnt zu entscheiden. Alleine oder in einem klar definierten kleinen Kreis. Und dann die volle Verantwortung dafür zu übernehmen und sich schnell an die Umsetzung zu machen.

In der Politik hingegen werden alle Entscheidungen nach dem Mehrheitsprinzip gefällt. Das ist der zentrale, gleichsam horizontal funktionierende Mechanismus unserer repräsentativen Demokratie. Am Ende steht nicht immer die beste Antwort, sondern oft der kleinste gemeinsame Nenner oder gar ein auf taktischen Mehrheiten gestützter Kompromiss. Aufwand und Ergebnis stehen für unternehmerisch geprägte Menschen, seien es junge Start-up-Entrepreneure, seien es Familienunternehmer in der dritten Generation, seien es Manager in multinationalen Unternehmen, oft in keinem akzeptablen Verhältnis zueinander. Auch da tun sich Angestellte, die vom öffentlichen Dienst geprägt sind, offensichtlich leichter: Die Mühlen mahlen eben langsamer, und der Job ist im Zweifel sicher – also sei's drum.

Drittens: die Öffentlichkeit. Längst geht es nicht mehr um einen Zeitungsartikel in der Regionalzeitung, der einen vielleicht schlecht aussehen lässt oder über einen Sachverhalt verzerrt oder auch falsch berichtet. Mittlerweile kann jedes Wort im öffentlichen Diskurs gewogen, seziert und kritisiert werden. Und nicht selten geht es dabei gar nicht um die Sache. Oder um Argumente. Das gilt vor allem für den öffentlichen Diskurs in den sogenannten *sozialen Medien*. Gehässige Kommentare, Verdächtigungen und Unterstellungen gab es schon früher. Schlechte Charaktere auch. Der Unterschied zu heute ist ein doppelter: Heute können solche Leute ihre Bosheiten sekundenschnell über soziale Medienkanäle verbreiten und wesentlich mehr Menschen erreichen. Außerdem, und das ist das wirklich Bedenkliche: Die Algorithmen von Facebook, Twitter & Co. belohnen Aufruhr und Wut durch bessere Auffindbarkeit und schnellere Verbreitung. Und zwar aus einem einzigen Grund: Zornige Nutzer bleiben länger online.

Tief sitzendes Unbehagen ihrer Nutzer ist Teil ihres Geschäftsmodells. Es ist wie ein Sog. Und den nutzen die Betreiber sozialer Plattformen. Auch deshalb ist Gehässigkeit als Nebeneffekt politischen Engagements im politischen Diskurs Normalität geworden, mit der man als Bewerber um ein politisches Amt umgehen muss – aber auch umgehen kann. Dennoch ist es ein Schritt nach draußen, ins Freie, in die raue Welt des politischen Spiels. Das muss man aushalten können – und wollen.

ANKLAGEBANK TALKSHOW

Wer sich auf den öffentlichen Marktplatz der Politik begibt, der muss Lautstärke ertragen können, Geschrei und manchmal Getümmel. Der muss mit Anfeindungen rechnen, die in dem Maße zunehmen, in dem der eigene Standpunkt sich von populären oder populistischen Positionen unterscheidet. Für wirtschaftsfreundliche Fragen gilt das ganz besonders. Im Zentrum eines Shitstorms steht dann ganz schnell nicht die politische Argumentation, sondern die berufliche oder sogar persönliche Integrität.

Ich kenne eine ganze Reihe erfolgreicher Menschen, die sich deshalb nicht weiter gesellschaftlich engagieren, weil sie Angst haben, öffentlich auf die Anklagebank gesetzt zu werden. Denn zu oft sprechen wir nicht davon, was ein Mensch tut, welche Beweggründe sie oder er hat und was diese Person antreibt. Sondern unterstellen ihr Gier oder niedere Beweggründe. *Erfolg* und *materielle Unabhängigkeit* werden in unserer Gesellschaft viel zu oft schon als erstes *Indiz* dafür präsentiert, dass da etwas nicht mit rechten Dingen zugegangen sein kann. Dass Erfolg oder gar Reichtum irgendwie ergaunert oder auf dem Rücken anderer Menschen erzielt wurde. Leider passiert das seit Jahren auch in öffentlich-rechtlichen Sendungen und Talkshows.

Das ist übrigens auch der Grund, warum mittlerweile so wenig Unternehmer und Manager bereit sind, an Talkshows im Fernsehen teilzunehmen. Nur zu oft werden sie auf die Anklagebank gesetzt und sollen auf einmal nicht das begründen, was sie tun oder meinen. Sondern sollen sich dafür rechtfertigen, was sie sind: erfolgreiche Unternehmer. Nicht selten werden sie mit Suggestivfragen in die Defensive gedrängt, in der man einfach keine gute Figur machen kann. Es gibt einen Grund, warum Suggestivfragen, die bei *Anne Will, Sandra Maischberger* oder *Maybritt Illner* an der Tagesordnung sind, vor Gericht nicht zugelassen werden. Denn auf sie gibt es keine richtigen oder guten Antworten. Weshalb Medienberater abraten, sich das anzutun, um nicht die eigene Reputation in einem ungerechten, unfairen *Framing* zu gefährden. Zu Recht. Warum ein öffentlich-rechtliches Fernsehen wie unseres diese Art Spiel zulässt, wäre eine grundsätzliche Diskussion wert, finde ich.

Es ist jedenfalls einfach nicht fair, einen Wirtschaftsmanager, der viel verdient, weil er eine schwierige Managementaufgabe übernommen hat, einer arbeitslosen alleinerziehenden Frau gegenüberzusetzen, die gerade wegen einer Umstrukturierung ihren Job verloren hat. Nach dem Motto: Sie als »Reicher« dürfen vor laufender Kamera dem armen *Opfer des Kapitalismus* erklären, warum es richtig war, dass sie ihren Job verloren hat. Man könnte auch den Umgang mit dem CDU-Politiker Friedrich Merz in den einschlägigen TV-Formaten als symptomatisch anführen: Mit einem meinungsstarken und eckig auftretenden Politiker wie Merz kann und sollte man kritisch umgehen. Aber ihn diskreditieren zu wollen, weil er bei einem US-Vermögensverwalter als Wirtschaftsanwalt viel Geld verdient hat und obendrein eigenhändig mit einem Privatflugzeug zu Terminen fliegt, ist schlechter Stil *und* schlechter Journalismus. Das alles trägt dazu bei, Unternehmer und erfolgreiche Menschen aus der Politik herauszudrängen. Zum Schaden unseres Gemeinwesens.

Dabei bräuchten wir *mehr* Politiker und auch *mehr* Unternehmer, die eine Zeit lang in der einen Sphäre arbeiten und dann zurückkehren in die andere Sphäre. Es wäre gut, wenn es möglich wäre, hin- und herzuwechseln zwischen Politik und Wirtschaft. Und ein tieferes Verständnis für die Logiken und Zwänge des jeweils anderen Systems zu entwickeln und zu transportieren. Dabei ist es auch nicht von Schaden, wenn ein Unternehmer nicht aus finanziellen Gründen, sondern aus individuellem Antrieb heraus entscheidet, einige Jahre in der Politik mitzuarbeiten. Friedrich Merz jedenfalls ist unabhängig. Er tut das, was er tut, aus Überzeugung und ist innerlich frei. Er ist weder von Lobbyisten korrumpierbar noch von grauen Eminenzen in seiner Partei erpressbar, wenn es um Listenplätze für Mandate oder Ähnliches geht. Dafür bringt er vielfältige, auch internationale Erfahrungen aus der Welt der Wirtschaft, der Finanzierung von unternehmerischem Handeln, von weltwirtschaftlichen Zusammenhängen mit – und kennt entscheidende Personen, die er auf kurzem Weg erreichen kann. Keine schlechte Voraussetzung für ein politisches Spitzenamt auf Zeit. Ob er andere wichtige Qualifikationen dafür hat, wird man sehen. Die Basis der CDU hat ihn im Dezember 2021 und der Parteitag im Januar 2022 zu ihrem Vorsitzenden gewählt.

Ein positives Beispiel für ein Hin- und Herwechseln zwischen der Wirtschaft und der Politik war für mich immer der Spitzenmanager Werner Müller, Minister für Wirtschaft und Technologie im ersten Kabinett von Gerhard Schröder. Müller, der leider 2019 verstarb, war ein begabter Mensch: Er war nicht nur Volkswirt, sondern auch Sprachwissenschaftler. Er arbeitete sich bis in die Leitungsgremien des Energieriesen RWE und der damaligen VEBA hoch und ging dann als Bundesminister in die Politik. Ab 2002 kehrte er zurück in die Welt großer Konzerne und brachte sein Know-how zum Beispiel bei der Aufspaltung und Neuaufstellung der Ruhrkohle AG und von Evonik ein.

BÜRGERSCHAFTLICHES ENGAGEMENT ODER: AUCH UNTERNEHMER SUCHEN DIE QUELLEN DES GELINGENDEN LEBENS

Und auch für mich gilt: Für mein politisches Engagement, das ich mit großer Überzeugung und Leidenschaft seit meinem 16. Lebensjahr erbringe, gab und gibt es kein materielles Interesse. Aber darum geht es auch nicht. Ebenso wenig, wie bei vielen anderen Unternehmern oder bei ehemaligen Spitzenleuten aus der Wirtschaft. *Bürgerschaftliches Engagement*, die Sorge um das Gemeinwesen, gute Ideen, die man verwirklicht sehen möchte; die Befriedigung, die man aus konstruktiver Betätigung *für andere* zieht – das Gefühl eines gelingenden Lebens in Gänze: Alles das suchen auch Unternehmerinnen und Unternehmer. Auch sie ziehen positive Energie aus dem Umstand, nützlich sein und helfen zu können. Auch für wohlhabende Menschen gelten die Erkenntnisse der modernen Glücksforschung.

Umso niederschmetternder ist es, wenn ihnen reflexartig unterstellt wird, sinistre Absichten zu hegen. Und zwar nur deshalb, weil sie erfolgreiche Unternehmer sind. Klüger, informativer und integrativer wäre es, Unternehmerinnen und Unternehmer nach ihren Träumen und Zielen und ihrem Antrieb zu fragen. Und danach, was sie gelernt haben durch ihre Tätigkeit. Vielleicht auch durch frühere Misserfolge.

Ich für meinen Teil bin auch schon einige Male auf die Nase gefallen. Um nur zwei Misserfolge zu nennen: In einer früheren beruflichen Phase habe ich globale Märkte und Entwicklungen falsch eingeschätzt und Investitionsentscheidungen korrigieren müssen. Das hat mich damals viel Geld gekostet. Und ich habe auch schon einmal auf die falschen Geschäftspartner gesetzt und zu spät realisiert, dass deren Absichten nicht in Einklang mit meinen Intentionen waren. Im Ergebnis entstand für mich ein hoher wirtschaftlicher Schaden. Doch aus Fehlern wie diesen, so schmerzhaft sie auch waren, habe ich viel gelernt. Ohne diese Erfahrungen wäre ich nicht da, wo ich heute bin.

Das Entscheidende bei Niederlagen und Misserfolgen ist ja nicht, dass man sie erleidet. Sich sogar eingestehen muss, dass man es selber verbockt hat. Scheitern gehört dazu. Man tut etwas, nämlich in diesem Fall: scheitern. Nicht das Hinfallen ist das Problem, sondern das Nicht-wieder-Aufstehen. Die Verzagtheit, die nicht selten gesellschaftlich sogar belohnt wird. »Opfer sein«: des Systems, der Umstände, des Kapitalismus. Auch das ist übrigens etwas sehr Deutsches. Inklusive der Häme gegenüber Leuten, die etwas riskieren, etwas *unternehmen*, und sich im ersten Anlauf eine blutige Nase holen. Diese in manchen Kreisen verbreitete Mentalität müssen wir zurückdrängen. Sie ist destruktiv. (Und macht hässlich. Nicht nur die Vertreter dieser Denkrichtung, sondern uns alle als Nation.)

ÜBER PENSIONSVERMÖGEN, NEBENTÄTIGKEITEN UND DAS TRANSPARENZGEBOT

Handfeste Gründe kommen hinzu, warum viele Unternehmer und Selbstständige zögern, für eine gewisse Zeit in die Politik zu wechseln. Denn während Angestellte und erst recht Beamte ein Anrecht darauf haben, zu ihrem alten Arbeitgeber zurückzukehren, wenn sie keine Lust mehr auf Politik haben oder es mit der Wiederwahl nicht geklappt hat, garantiert einem selbstständigen Unternehmer niemand irgendetwas. Im Gegenteil: Oft genug geht Umsatz verloren, und Auftraggeber wenden sich ab: entweder, weil sie befürchten, als Kunden hintanzustehen, oder weil sie mit der politischen Einstellung ihres Auftragnehmers nicht konform gehen. Solange Politik kein Thema ist, spielt sie im Wirtschaftsleben keine Rolle. Engagiert sich der Unternehmer politisch, muss er oder sie darauf gefasst sein, auch abseits des politischen Betriebs auf die Politik angesprochen zu werden.

Unternehmer, die gut im Geschäft sind und sich etwas aufgebaut haben, kann ein politisches Mandat also nicht nur von Nutzen sein, sondern auch schaden. Letztlich kommt es hierbei immer auf den Einzelfall an, auf die Souveränität und Offenheit des Unternehmers, mit seinem politischen Engagement ebenso offen umzugehen.

Finanziell entscheidender ist der Umstand, dass selbstständige Unternehmer für ihre Altersvorsorge in der Regel selbst verantwortlich sind (außer sie sind langjährige Abgeordnete). Es ist ein ärgerliches Thema, denn auch hier wird schnell die Neidkarte ausgespielt. Leider ist das, was uns die Vermögensstatistiken bei oberflächlicher Betrachtung zu diesem Thema sagen, ausgesprochen irreführend. Eine selbstständige Person, die für ihr Alter eine oder eineinhalb Millionen Euro zurückgelegt hat, gilt mit diesem Geld- oder Aktienvermögen als »reich«. Eine Beamtin oder ein Beamter mit hohen Pensionsansprüchen, für die sie oder er keinen Cent gezahlt hat, gilt in der Statistik als »arm«, sofern kein weiteres Vermögen vorhanden ist. Warum? Weil die mehr als krisensichere Beamtenpension eine sogenannte Zusage ist und so getan wird, als sei es jeden Monat ein Wunder, dass sie plötzlich auf dem Konto des Beamten, der sich im Ruhestand befindet, zuverlässig auftaucht.

Davon, dass die private Krankenversicherung von Beamten und politischen Mandatsträgern zu über zwei Dritteln bis zum Lebensende vom Staat bezahlt wird (es heißt »Beihilfe«), spricht man dabei noch gar nicht.

Mit anderen Worten: Bundesministerinnen und Bundesminister, die über einen bestimmten, recht kurzen Zeitraum hinaus diesen Job ausüben, kommen auf Pensionsansprüche, die einen *Barwert* von etwa zwei Millionen Euro haben. Barwert bedeutet: Soundso viel muss man auf dem Konto haben, um jeden Monat einen bestimmten Betrag abheben zu können – bis zum Ende der statistischen Lebenserwartung.[69] Seltsamerweise fordert aber niemand, dass man für Politiker eine »Reichensteuer« einführen soll. Denn wie gesagt: In der Logik der Vermögensstatistik besitzen sie dieses Vermögen gar nicht. Sie bekommen es nur alle vier Wochen in kleinen Tranchen todsicher ausbezahlt.

Anders der selbstständige Unternehmer: Hat der Gründer und Besitzer eines kleinen Handwerksbetriebes mit Anfang sechzig 1,5 Millionen Euro auf der hohen Kante, um daraus seine Rente und seine Krankenversicherung zu bestreiten, gilt er als »Reicher«, den man schon aus Gleichheitsgründen »besteuern« müsse, wie es Jahr für Jahr von der linken Seite des politischen Spektrums tönt. Dass das die *Lebensleistung* dieses Menschen ist, interessiert nicht. Dass diese Person keinerlei staatliche Zusagen über hohe Pensionen und »Beihilfen« bekommen hat, also niemandem zur Last fällt, auch nicht.

Im Zeitalter der Minuszinsen bei gleichzeitig drohender Inflation kommt noch hinzu, dass dieser Unternehmer Schwierigkeiten hat, sein Vermögen sicher anzulegen, damit es ihm im Alter nicht zwischen den Fingern zerrinnt. Ein Problem, das ehemalige Mandatsträger und Beamte übrigens auch nicht haben.

Es liegt mir fern, stellvertretend für Unternehmerinnen und Unternehmer an dieser Stelle zu jammern. Dafür gibt es (noch) keinen Grund. In der Regel sind sie schlau genug, mit diesem Problem umzugehen. Ganz unternehmerisch eben. Und die seit 2021 spürbar voranschreitende Geldentwertung macht in erster Linie denjenigen zu schaffen, die kein Vermögen haben und Monat für Monat von ihrem Lohn leben müssen. Weshalb die EZB-Politik der vergangenen Jahre auch zutiefst unsozial ist – eine Tatsache, für die es in den Reihen der FDP wesentlich mehr Problembewusstsein gibt als in den Reihen der SPD, wie ich feststellen durfte.

Mein Punkt ist ein anderer: Wir sollten – als Gesellschaft – den Unternehmern gegenüber eine andere Einstellung entwickeln. Wir sollten ihre Lebenswirklichkeit mehr würdigen beziehungsweise uns überhaupt mehr für sie interessieren. Wir sollten uns mehr für den *Menschen* interessieren, der Unternehmerin oder Unternehmer ist: seine Beweggründe, seine Erfahrungen, seine Kraftquellen und seine Träume. Und wir sollten als Gesellschaft großen Wert darauf legen, dass möglichst viele von ihnen für eine gewisse Zeit in unseren Parlamenten mitarbeiten und Verantwortung übernehmen für unser Gemeinwesen.

Umgekehrt kann ich Unternehmern und Managerinnen und Managern nur zurufen: Engagieren Sie sich politisch! Sagen Sie Ihre Meinung. Bringen Sie Ihre Erfahrungen und das Wissen um Zusammenhänge von unternehmerischem Handeln und Erfolg, von Risikoabwägung und Mut ein. Überlassen Sie das Feld der Politik nicht nur Menschen, die in ihrem Leben noch nie etwas *unternommen* haben und vielleicht weniger verliebt ins Gelingen und Schaffen sind als Sie. An Bedenkenträgern, die ganz orientiert sind aufs Begrenzen und Verhindern, mangelt es in diesem Land nicht. An Unternehmern schon.

Auch die Auswirkungen von Verordnungen und Gesetzen auf das Wirtschaftsleben, auf Handel und Produktion und die damit meist einhergehenden Beschränkungen des Unternehmertums sollten möglichst direkt und ungefiltert beim Gesetzgeber, also dem Deutschen Bundestag und seinen Abgeordneten, ankommen. Viele Unternehmer und verantwortliche Manager in den Reihen des Gesetzgebers zu wissen würde uns davor schützen, dass sich die blinden Flecken, an denen der Bundestag leidet, noch weiter ausbreiten. Denn wie bereits gesagt: Renten- und krankenversicherungstechnisch sind Abgeordnete Beamte. Sie erfahren die Auswirkungen vieler Beschlüsse, die sie fassen, gar nicht am eigenen Leib.

Was das Unternehmerdasein anbelangt, ist *der blinde Fleck von Berufspolitikern* naturgemäß noch größer: Sie erfahren die Auswirkungen ihrer gesetzgeberischen Tätigkeit noch nicht einmal im Ansatz selbst. Der Zwang zum politischen Kompromiss ist in der Regel immer größer als der Druck, realitätstaugliche Gesetze auf den Weg zu bringen. Eine unüberhörbar große Zahl von Abgeordnetenkollegen in den Ausschüssen und Fraktionen, die neben der Logik des politischen Kompromisses auch noch lebensecht schildern könnten, was dieses oder jenes Gesetz für Unternehmen bedeuten würde, könnte manche Regelungswut unserer Volksvertreter bremsen und in realistischere Bahnen lenken.

14 von 736 sind dafür aber zu wenig.

Mehr Unternehmer in die Parlamente zu locken bedeutet aber auch, dass eben nicht nur Beamte oder Angestellte eine Art Jobgarantie bekommen, wenn sie in die Politik gehen. Sondern umgekehrt Unternehmern, selbstständigen Landwirten, Ärzten oder Rechtsanwälten es ganz selbstverständlich gestattet sein muss, auch als Mandatsträger weiter unternehmerisch tätig zu sein, sofern die Abgeordnetentätigkeit nicht zur Nebensache wird. Mein Parteifreund Wolfgang Kubicki, ein erfolgreicher Anwalt, hat es gegenüber dem Deutschlandfunk vor nicht allzu langer Zeit auf den Punkt gebracht, als er darauf hinwies, dass die Idealvorstellung des Grundgesetzes eben nicht ein Abgeordneter ist, »der aus dem öffentlichen Dienst kommt oder sein Studium abgebrochen hat, sondern eigentlich sollen alle Teile der Gesellschaft, darunter auch Selbstständige, Handwerker, Landwirte, Ärzte, Unternehmer, im Parlament vertreten sein und ihren Sachverstand einbringen«.[70] Und weiter meinte Kubicki in seiner ihm eigenen Deutlichkeit: »Ich empfehle allen, die an dieser Debatte teilnehmen, doch noch mal die Entscheidung des Bundesverfassungsgerichts aus dem Jahre 2007 nachzulesen. Da ist exakt aufgeführt, dass der Mittelpunkt der Tätigkeit das Abgeordnetenmandat ist, aber dass nebenbei Tätigkeiten nicht nur zulässig, sondern auch gewünscht sind.«[71]

An dieser Stelle übrigens müssen auch die um sich greifenden Transparenzregeln und Rufe nach dem »gläsernen Abgeordneten« begrenzt werden: Es kann nicht sein, dass das Mandanten- oder Arztgeheimnis gefährdet wird, weil man Rechtsanwälte oder Ärzte, die in die Politik gehen, dazu zwingt, alle Dokumente ihres Betriebes offenzulegen. Ähnliches gilt für Betriebsgeheimnisse wie beispielsweise Gewinnmargen, die Wettbewerber nur zu gerne einsehen und analysieren würden. Hier wendet sich Transparenz gegen das, was sie zu schützen vorgibt: die Demokratie.

»DIE« WIRTSCHAFT: DAS SIND NICHT DIE ANDEREN, DAS SIND WIR ALLE. DIE PARTEIEN MÜSSEN DAS WIEDER LERNEN

Was heißt das alles nun für unsere politische Landschaft? Die politischen Parteien sollten sich ernsthaft und strategisch Gedanken darüber machen, wie sie Quereinsteigern eine Chance bieten können, ihr Know-how einzubringen. Und für eine gewisse Zeit mitzuarbeiten. Parteien unterliegen dem Parteiengesetz. Ihre innerparteiliche Willensbildung hat strengen demokratischen Regeln zu folgen. Schon Frauenquoten stehen auf wackeligen Beinen, wie man bei der Listenaufstellung der Grünen zur Bundestagswahl 2021 im Saarland wieder gesehen hat. Wie also kann man Parteiversammlungen davon überzeugen, erfolgreichen Unternehmern oder Wissenschaftlern einen Listenplatz zu geben, ohne dass diese Person dazu gezwungen wird, sich »hinten anzustellen« und erst einmal eine »Ochsentour« durch die Niederungen der kommunalen Parteiarbeit zu machen?

Ein Patentrezept dafür gibt es nicht. Es ist, davon bin ich überzeugt, vor allem eine kommunikative Aufgabe.

Die unbegründete Skepsis gegenüber einem stärkeren politischen Engagement aus den Reihen der Wirtschaft trifft hier auf einen zunehmenden Bedarf an ökonomischem Sachverstand. Kaum vorstellbar, dass beispielsweise die drängenden Herausforderungen der Digitalisierung in Deutschland allein mit einem parteipolitisch determinierten Instrumentarium bewältigt werden können. Gleiches gilt für den durch die Erfordernisse des Klimaschutzes notwendigen radikalen Umbau praktisch der gesamten Wertschöpfung.

Und das heißt: Selten war unternehmerische Kreativität und Expertise so wertvoll wie heute. Schon weil das so ist, sollten sich die politischen Parteien schleunigst auf die Hinterbeine stellen und überlegen, wie sie unternehmerischen Spirit in die eigenen Reihen bekommen und politische Entscheidungen auf ein solides, zukunftsfähiges Fundament stellen können.

Die Parteien sollten zudem nach Wegen suchen, das praktische ökonomische Know-how in ihren wichtigsten Gremien zu erhöhen. Zu denken wäre zum Beispiel an ein bestimmtes Kontingent an Listenplätzen oder Positionen, die für Quereinsteiger offen gehalten werden. Entsprechende Überlegungen hat es zwar schon in der Vergangenheit gegeben, sie haben sich aber meist schon im Gestrüpp von Satzungsdebatten verloren. Doch es bleibt dabei: Politik darf kein Silo werden. Es reicht nicht, wenn sich Politiker bei Menschen wie mir, bei Unternehmern oder Managern, gelegentliche Tipps und Einschätzungen abholen.

Es muss möglich sein, in der Politik gestaltend mitarbeiten zu können, ohne Berufspolitiker werden zu müssen. Als Bundesschatzmeister meiner Partei bin ich ordentliches Mitglied des FDP-Präsidiums. Zum Beruf habe ich Politik aber nicht gemacht. Deshalb habe ich aber nicht weniger politische Ambitionen als andere. Nur eben nicht mit Blick auf politische Ämter, sondern mit Blick auf Themen.

AUCH UNTERNEHMER KÖNNEN VON POLITIKERN LERNEN – UND VERSTEHEN, DASS IN DER POLITIK ANDERE REGELN GELTEN

Unternehmer und Wirtschaftsmanager können in der Welt der Politik nicht nur viel Gutes bewirken – sie können dort durchaus auch vieles lernen. Für sich. Für ihr Unternehmen. Für die nächste Ausschreibung, an der sich ihr Unternehmen vielleicht beteiligen will. Denn die beiden Sphären folgen zum Teil anderen Logiken und unterschiedlichen Regeln.

Politik funktioniert nun einmal anders als ein Wirtschaftsunternehmen. Auch die Meinungsbildung innerhalb einer Partei und ihren Gremien funktioniert anders. Und damit sind die *Grundlagen*, auf denen Entscheidungen und Beschlüsse getroffen werden, andere. Das ist wichtig zu wissen.

Ich selbst habe das früh gelernt, noch bevor ich selbst unternehmerisch tätig wurde. Ich arbeite seit meinem 16. Lebensjahr in politischen Gremien mit. Ich kenne das. Für jemanden, der aus der Wirtschaft kommt und von dem jahrelang erwartet wurde, konzentriert zur Sache zu sprechen, sich Argumente anzuhören und dann zügig zu *entscheiden*, ist diese konsensuale Meinungsbildung fremd – vielleicht auch nervtötend ineffizient. In der Politik geht es immer darum, Mehrheiten zu organisieren. Und die Art, wie man das erreicht, folgt meist einer anderen Logik als in Unternehmen. Es braucht mehr Diplomatie, mehr »Geduld und Spucke«, mehr Überzeugungsarbeit. Und manchmal auch die Bereitschaft zu »Gegengeschäften« (ich helfe dir bei diesem Thema, du stimmst mit mir bei jenem Thema).

Politik wird von Menschen gemacht – da gehört menschliche Sensibilität dazu. Aus diesem Grund gilt: Unternehmerische »Ansagen« sind in politischen Gremien eher kontraproduktiv.

Als junger Mensch habe ich Leichtathletik betrieben. Deshalb ist mir vor Jahren einmal folgende Analogie einfallen, die ich nach wie vor treffend finde: *Wirtschaft ist Fünfkampf – Politik ist Zehnkampf*. Denn in der Politik kommen einfach Disziplinen hinzu, die ein erfolgreicher Manager nicht zwingend beherrschen muss. Beispielsweise Kompromisse finden. Und sich vom kleinsten gemeinsamen Nenner nicht mürbe machen lassen. Und vor allem: Beharrlichkeit. An Themen dranbleiben, Überzeugungsarbeit leisten und andere von etwas begeistern.

Visionäre Kraft im Konkreten kann ein starker Hebel sein, und das Verliebtsein ins Gelingen ist ansteckend. Probieren Sie es aus!

»Sich politisch engagieren« oder »in die Politik gehen« muss keineswegs bedeuten, Politik zum Beruf zu machen. Im Gegenteil. Der

Normalfall – und das im Alltag Leistbare – ist eher das niederschwellige Engagement. Soll heißen: Liebe Unternehmer, gehen Sie zu Parteiversammlungen. Bieten Sie an, Positionspapiere gegenzulesen oder daran mitzuarbeiten. Sagen Sie Ihre Meinung. Bringen Sie Ihre Perspektive ein. Polemik oder Streit ist gar nicht nötig. Das ganz konkrete Beispiel, die ganz konkrete Betrachtung der Wirklichkeit bewirkt zumeist schon Wunder. Oder knüpfen Sie Kontakte zu den Schulen und bieten Sie an, im Rahmen von Projektwochen mit Schülerinnen und Schülern darüber zu sprechen, wie es ist und was es ausmacht, Unternehmer zu sein.

VON START-UP-ZENTREN, FORSCHUNGSFÖRDERUNG UND EVALUIERUNGS-KNOW-HOW

Es ist kein Zufall, dass ich an dieser Stelle erneut beim Thema Bildung lande. Beziehungsweise beim Zusammenspiel von unternehmerischem Handeln und der Sphäre der Wissens*erarbeitung*, Wissens*vermittlung* und ganz generell der *Weiterentwicklung von Bestehendem*. Unternehmer leisten an dieser Stelle seit Jahren Herausragendes: weil sie Dinge fördern und anstoßen, die Verwaltungen und »die« Politik alleine nie und nimmer hinbekämen. Weil sie ihr Know-how einbringen, Menschen zusammenbringen und bewusst als Scharnier zwischen Forschung, Bildung und Wirtschaft fungieren. Und, last, but not least, weil sie sich finanziell engagieren und zum Teil ein atemberaubendes Mäzenatentum an den Tag legen. Was die billige, neiderfüllte Rhetorik gegen die Reichen und die Wirtschaft als das entlarvt, was sie ist: billige, neiderfüllte Rhetorik.

Beginnen wir mit den Bildungsanstrengungen und -investitionen, die allein Unternehmen regelmäßig leisten. Die Weiterbildungserhebung des Kölner IW aus dem Jahre 2020 zeigt, dass die

Weiterbildungsbeteiligung der Unternehmen in Deutschland inzwischen bei 87,9 Prozent liegt. Durchschnittlich hat sich im Jahr 2019 jeder Mitarbeiter 18,3 Stunden weitergebildet. Das ist eine Zeitstunde mehr als 2016. Aktuell investieren die Unternehmen durchschnittlich 1236 Euro je Mitarbeiter in Weiterbildung, knapp 16 Prozent mehr als noch im Jahr 2016. Das gesamtwirtschaftliche Investitionsvolumen ist um 23 Prozent gestiegen und beläuft sich auf 41,3 Milliarden Euro. Die Digitalisierung ist, wie sich bereits 2016 gezeigt hat, ein wesentlicher Treiber für Weiterbildung: Digitalisierte Unternehmen investieren mehr Zeit und Geld in Weiterbildung als andere Unternehmen.[72]

Einen Großteil dieser Summe zahlten Firmen für die Ausbildung und Vergütung von Studierenden, von Praktikanten und in Form von Stipendien. Ein weiterer großer Teil dieser Summe fließt in die Finanzierung von Lehrstühlen. 2022 finanzieren Unternehmen insgesamt 463 Stiftungsprofessuren in Deutschland, das entspricht 58 Prozent aller Stiftungslehrstühle. Nicht eingerechnet ist das Engagement zumeist von Stiftungen, gemeinnützigen GmbHs oder Vereinen sowie anderweitigen Initiativen, die Unternehmer oder deren Erben gegründet haben. Auch privates Mäzenatentum erscheint nicht in dieser Statistik, ist aber wichtig.

Beispiele gefällig?

Fangen wir ganz oben an, bei der Familie Quandt. Richtig: Das sind die Hauptaktionäre von BMW und Eigentümer vieler anderer Unternehmen.[73] Es gibt nicht nur die BMW Foundation Herbert Quandt, unter deren Dach auch die alte Eberhard von Kuenheim Stiftung der BMW AG ihre Stiftungsziele weiterverfolgt.[74] Für viel interessanter und wegweisender halte ich die Stiftungen und Initiativen der Ehefrau des 1982 verstorbenen Herbert Quandt, Johanna Quandt, und die ihrer Kinder Stefan Quandt und Susanne Klatten.[75] Ihren mäzenatischen Initiativen merkt man den unternehmerischen Ansatz an, der sich wie selbstverständlich mit dem Thema Bildung amalgamiert und auf Chancen sowie auf Leistung zielt.

Johanna Quandt war eine wirklich beeindruckende Persönlichkeit. Sie kam als Tochter des Kunsthistorikers Wolfgang Bruhn und seiner Frau Marianne 1926 in Berlin zur Welt und starb 2015. Ihr Großvater mütterlicherseits war Max Rubner, der 1891 an der damaligen Friedrich-Wilhelms-Universität in Berlin (heute Humboldt-Universität) den Lehrstuhl für Hygiene von Nobelpreisträger Robert Koch übernahm und das Hygiene-Institut der Uniklinik leitete. Sie selbst begann eine Ausbildung zur medizinisch-technischen Assistentin, konnte sie in den letzten Monaten des Zweiten Weltkrieges aber nicht beenden. Ihre Erlebnisse als Krankenpflegerin im Lazarettdienst 1945 scheinen sie tief geprägt zu haben. 1995 gründete sie ihre eigene Stiftung, die Johanna-Quandt-Stiftung. Ziel ihrer Stiftung ist es, »das Verständnis für die marktwirtschaftliche Ordnung und für die Bedeutung des privaten Unternehmertums als Träger der wirtschaftlichen Entwicklung in der Öffentlichkeit und den Medien zu fördern.« Das ist großartig. Ich würde mir viele Nachahmer wünschen.

Mittlerweile sind unter dem Dach der Stiftung mehrere große Initiativen versammelt. Die Johanna-Quandt-Stiftung vergibt nicht nur Stipendien und einen Medienpreis. Vor allem hat sie unter ihrem Dach eine eigene »Universitäts-Stiftung« geschaffen, um gezielt Wissenschaft, Forschung und Lehre an der Frankfurter Goethe-Universität und ihren Partnern zu fördern. Besonders unterstützt wird der Fachbereich Medizin – das Interesse am wissenschaftlichen Fortschritt in der Medizin hat Johanna Quandt offenbar ein Leben lang nicht losgelassen. Zu den geförderten Projekten gehört beispielsweise der Neubau des Stammzell-Transplantationszentrums zur Behandlung krebskranker Kinder, die Finanzierung von Facharztstellen an der Frankfurter Klinik für Kinder und Jugendmedizin oder die Finanzierung eines MRT-Gerätes an der Frankfurter Klinik für Kinder und Jugendmedizin.

Ihre Stiftung begleitet auch aktiv die Weiterentwicklung der Uni Frankfurt, die seit 2008 wieder zu einer freien Stiftungsuniversität geworden ist. Wie bei ihrer Gründung 1914. Mit einem extra aufgelegten Jubiläumsfonds in Millionenhöhe hilft die Johanna-Quandt-Stiftung tatkräftig mit, wettbewerbsfähige Forschungscluster aufzubauen und zu erhalten, aus denen dann die BioNTechs von morgen hervorgehen.

Und dann hat Johanna Quandt noch eine weitere wichtige Stiftung gegründet: die Charité-Stiftung.[76] Mit Berlin, ihrer Heimatstadt, und der Charité ist sie ja quasi familiär verbunden. Nach der Wiedervereinigung durchlief die berühmte Universitätsklinik eine schwere Zeit: Der alte Campus auf dem Gebiet der früheren DDR war heruntergewirtschaftet. Die Qualität von Forschung und Lehre litt. Auch die Zusammenarbeit mit der Universitätsmedizin im Westen musste organisiert werden.

Die Charité-Stiftung von Johanna Quandt unterstützt mit Millionenbeträgen medizinisch-naturwissenschaftliche Forschung in der Berliner Charité und fördert das Berliner Institut für Gesundheitsforschung (oder auf Englisch: Berlin Institute of Health, kurz BIH). Und weil nicht nur Johanna Quandt unternehmerisch dachte, sondern auch die von ihr gegründete Stiftung dem unternehmerischen Ansatz verpflichtet ist, hat die Stiftung eine *private Exzellenzinitiative* ins Leben gerufen, die besonders auf die Förderung von herausragenden Personen in allen Phasen der wissenschaftlichen Entwicklung vom Studium bis zur Professur setzt. Alleine dafür stehen 40 Millionen Euro zur Verfügung – eine der größten Zuwendungen einer Privatperson seit Bestehen der Bundesrepublik.

»Ich will dazu beitragen, dass wir den besten Köpfen beste Bedingungen bieten. Studierende, Ärzte und Spitzenwissenschaftler aus aller Welt sollen am BIH eine herausragende und international sichtbare Gesundheitsforschung betreiben können. Damit wird nicht nur die biomedizinische Forschung in Deutschland, sondern auch der Wissenschaftsstandort Berlin vorangebracht.«

Ihre Kinder engagieren sich ähnlich. Und ebenfalls mit einem Förderansatz, der einerseits Bildung und Chancengerechtigkeit nach vorne stellt und andererseits einem unternehmerischen Ansatz folgt. Und dabei spielen die Wirkung, die erzielt wird, und der Erfolg eine entscheidende Rolle.

Und das ist es, was auch mir sehr am Herzen liegt und was in unserem Land zu wenig verstanden wird: dass man auch bei mittel- und langfristig angelegten Projekten und auch in der Bildung auf die *Wirkung* blicken muss. Das gilt für Schulen in urbanen Problemvierteln ebenso wie für Universitätscluster. Private Initiativen sind meines Erachtens nicht nur deshalb so wichtig, weil sie staatliches Handeln mit vielen Millionen ergänzen und veredeln, sondern weil sie einen anderen Ansatz, einen anderen Spirit fördern und mehr Beweglichkeit mitbringen. Siehe BioNTech – ich werde nicht müde, dieses Beispiel zu nennen. Dass es solche Start-ups sind, die heute großen Konzernen wie Pfizer aus der Patsche helfen: weil sie zum Beispiel keine schwerfälligen Konzernstrukturen haben oder weil sie auf Augenhöhe mit Forschungsabteilungen in Universitäten zusammenarbeiten und deren Sprache sprechen – das machen wir uns viel zu selten klar. Ohne die Innovationskraft, ohne die unorthodoxen Herangehensweisen von Gründern, ohne ihre Eigenwilligkeit und Beharrlichkeit würde unser Wohlstand und danach auch unser Wohlergehen abnehmen. Ohne Unternehmergeist geht es einfach nicht. Ohne Bildung, die in die Umsetzung drängt, auch nicht.

Anders gesagt: Steve Jobs arbeitete nicht im öffentlichen Dienst. Elon Musk tut es auch nicht. Als er von SpaceX zu träumen begann, als er PayPal oder Tesla aus der Taufe hob, überwog die Zahl der Skeptiker bei weitem.

Das gilt aktuell auch für Laurin Hahn aus München. Er ist noch keine 30 Jahre alt und entwickelt ein Elektroauto, das nur mit Sonnenenergie fahren wird. Mit seiner Firma Sono Motors will er zum deutschen Tesla werden. Ob das klappt? Wir werden sehen. An die Börse hat er es jedenfalls schon einmal geschafft.[77] Und wenn nicht? Dann macht er etwas anderes. Dass das *Etwas unternehmen* ihm im Blut liegt, zeigen jedenfalls auch seine Brüder.[78]

Zurück zu den Quandts. Die gemeinnützige Initiative von Stefan Quandt heißt Aqtivator und fördert die *Professionalisierung* und das Wachstum gemeinnütziger Organisationen. »Wir identifizieren wirksame Ansätze in den Bereichen Bildung und Integration und unterstützen unsere Partner bei der Entwicklung nachhaltiger Skalierungsstrategien.« Ich kann nur jedem empfehlen, sich einmal in Ruhe durch die Liste der geförderten Initiativen und Projekte durchzuscrollen.[79] Einen ähnlichen Ansatz verfolgt Susanne Klatten. Auch sie mit hohen Millionenbeträgen. »Mir geht es nicht nur darum, Geld zu spenden«, erklärte Susanne Klatten in einem Zeitungsinterview. »Viel wichtiger: Ich möchte meine Mittel so wirkungsvoll wie möglich einsetzen.«[80] Auch Susanne Klatten hat sich besonders der Bildung verschrieben und zusammen mit der Technischen Universität München (TUM) ein Start-up-Zentrum gegründet. Zu einer Zeit, als den meisten hierzulande noch gar nicht klar war, was das eigentlich ist. Und was da im Silicon Valley bereits in vollem Gange war.

Das hat sich geändert. Schon 2018 schrieb die Tageszeitung *Münchner Merkur* unter der Überschrift »Milliardärin befeuert Start-up-Boom«: »In der bayerischen Landeshauptstadt gibt es inzwischen kaum noch ein Jung-Unternehmen, das während seiner Gründungsphase nicht in irgendeiner Weise mit Klattens Gründer-Initiative *UnternehmerTUM* Kontakt hatte.« Klattens Initiative bringt jedes Jahr an die 50 Start-ups hervor. Das ist etwa eines pro Woche.[81] So begegnen sich die Laurin Hahns unserer Tage und die Erben von Herbert Quandt, dem Retter von BMW. Nicht nur in München.

ES GEHT AUCH EINE NUMMER KLEINER – UND DAS IST NICHT MINDER WICHTIG

Ich lebe seit Jahren in Berlin. Meiner Heimatstadt Worms ebenso wie meiner Heimatregion Rheinland-Pfalz bin ich aber weiterhin in vielerlei Hinsicht verbunden. Einer der ungewöhnlichsten Lokalpolitiker von Worms ist Ralf Lottermann.[82] Ich finde, er ist ein echtes Vorbild. Er war lange Jahre als Topmanager in den USA und in Asien tätig, vor allem viele Jahre für den Lebensmittelproduzenten Mars (den wir vor allem durch den gleichnamigen Schokoriegel kennen). In Amerika oder Asien könnte Ralf Lottermann auch nach dem Ende seiner aktiven Managerzeit »am großen Rad« drehen. Er hätte die Expertise, die Verbindungen und das Renommee dafür. Doch Lottermann hat sich für seine Heimatstadt Worms entschieden. Und für die SPD, denn er kommt wie ich aus einfachen Verhältnissen und ist schon als Jugendlicher wegen Willy Brandt in die SPD eingetreten. Außerdem ist es ihm ein Anliegen, in seiner Heimatstadt etwas Positives zu bewirken und dazu beizutragen, dass Worms in seiner wirtschaftlichen Weiterentwicklung einen echten Schritt nach vorne machen kann.

Sein Herzblut vergießt er unter anderem für das *Digital Hub Worms*. Dahinter verbirgt sich das Projekt, einen »Inkubator« für Start-ups zu gründen und aufzubauen. Es soll ein modernes Netzwerk entstehen aus Hochschule, IHK, der Stadt und weiteren Akteuren. Dazu ein dynamischer, kreativer Campus, und zwar *mitten in der Stadt*, mit dem Wormser Unternehmen kooperieren sollen – und das sie konsultieren können. Es geht, mit anderen Worten, um ein Gründungs-Ökosystem, um modernes Unternehmertum, um ideelles Geben und Nehmen: Erfahrungen etablierter Unternehmer sollen weitergegeben werden, Neues soll vorurteilslos vorgestellt, diskutiert und erprobt werden. Die Gründer werden von einem Netzwerk dabei unterstützt, ihre junge Firma überlebensfähig und erfolgreich zu machen.

Eine parteiübergreifende Arbeitsgruppe hat monatelang daran gefeilt und ein detailliertes Konzept erstellt, das in etwa zeitgleich mit dem Erscheinen dieses Buches seinen Startschuss erhält.

Das Digital Hub Worms ist kein bundesweites Leuchtturmprojekt. Man muss es nicht kennen. Und genau deshalb berichte ich in diesem Buch davon. Worms steht für viele Städte und Regionen, die ihre Zukunft in die eigenen Hände genommen haben. Es gibt Dutzende vergleichbare Projekte in Deutschland. Projekte, die zeigen, was möglich ist, wenn Politik, Wirtschaft, Vereine, Schulen und Hochschulen Hand in Hand arbeiten und vor allem die Chancen sehen. Und nicht das Trennende.

WIE GRÜNDER UND UNTERNEHMER DAS NEUE IN DIE WELT BRINGEN (NÄMLICH INDEM SIE GRÜNDER UND UNTERNEHMER FÖRDERN)

Erfolgreiche Unternehmer, viele von ihnen selbst ehemalige Gründer, erarbeiten nicht nur den Wohlstand dieses Landes. Eine Binsenweisheit, wenn auch von manchen nicht gerne gehört. Sie sind nicht selten auch diejenigen, die heutigen Entrepreneuren, den jungen Wilden der Unternehmerszene, den Disruptiven und den Forschern, die raus aus dem Elfenbeinturm wollen, die Mittel und das Ökosystem zur Verfügung stellen, das jene brauchen, um abheben zu können. Sie verlieren dabei nicht von ungefähr selten das Thema

Bildung aus dem Blick. Manchmal staunt man auch, aus welchen Branchen solche Businessangels kommen, die groß denken und dadurch vieles ermöglichen.

Mit der Schwarz-Gruppe und vor allen seinen berühmten Markenunternehmen Lidl und Kaufland verbindet man jedenfalls nicht automatisch millionenschwere Investitionen in künstliche Intelligenz, in einen Bildungscampus, der wiederum von einem Zukunftspark umgeben ist, in eine Coding-Schule oder ein Start-up-Zentrum. Man würde auch keine Partnerschaften vermuten, die von der Technischen Universität München bis zu Microsoft in den USA reichen. Blickt man aber darauf, was Dieter Schwarz, den Eigentümer der Schwarz-Gruppe, umtreibt, was ihm wichtig ist und wofür er sehr viel privates Geld zur Verfügung stellt, versteht man es. Sein Credo lautet: »Bildung ist der Rohstoff der Zukunft.«

Aus diesem Grund investiert er seit vielen Jahren hohe Summen in die Entwicklung seiner Heimatstadt Heilbronn. Sie liegt circa 50 Kilometer nördlich von Stuttgart. Ihre große Zeit als Maschinenbauzentrum und Zentrum der aufkommenden Halbleiterindustrie, die vor allem mit dem Namen Telefunken verknüpft ist, ist zwar vorbei. Auch das Bankenzentrum Württembergs ist Heilbronn, das im Zweiten Weltkrieg fast vollständig zerstört wurde, nicht mehr. Aber das unternehmerische Gen der Stadt, das ist noch vorhanden. Und obendrein viel Know-how mittelständischer und kleinerer Unternehmen. Darüber hinaus mausert sich Heilbronn langsam, aber sicher zu einer Stadt der zukunftsträchtigen Bildung und zieht mehr und mehr junge Leute an. Die treibende Kraft dahinter: ihr Ehrenbürger Dieter Schwarz.

Es ist schon faszinierend, was ein einziger Unternehmer bewirken kann.[83] Die Dieter-Schwarz-Stiftung, die auch alle unternehmerischen Aktivitäten wie Lidl oder Kaufland kontrolliert, will das etwas abseits liegende Heilbronn wieder zu einer ersten Adresse, einer Modellstadt für das Deutschland des 21. Jahrhunderts machen. Mit einem Netzwerk an Hochschulen, internationalen Forschungseinrichtungen und einem Start-up-Zentrum, das locker in der Bundesliga mithalten kann – wenn nicht sogar darüber hinaus. Dafür wirft Dieter Schwarz sein gesamtes unternehmerisches Know-how und sein persönliches Netzwerk in die Waagschale. Und viel Geld seiner Stiftung.

Wenn es drauf ankommt, wird auch geklotzt. So gelang es Schwarz 2021, Heilbronn zum Standort für den geplanten »Zukunftspark Künstliche Intelligenz« des Landes Baden-Württemberg zu machen. Kein Mitbewerber konnte solche Bedingungen bieten wie die Stadt Heilbronn. Das Staatsministerium von Ministerpräsident Winfried Kretschmann lobte die »hervorragende Bewerbung« der Stadt, und Wirtschaftsministerin Nicole Hoffmeister-Kraut begründete die Entscheidung so: »Das Konsortium aus Heilbronn hat ein inhaltlich ausgezeichnetes, nachhaltiges sowie wirtschaftlich und finanziell tragfähiges Gesamtkonzept vorgelegt, das auch auf Kooperation und internationale Sichtbarkeit setzt. Zudem punktet es mit seiner zügigen Umsetzungsreife.«[84]

Die Schwarz-Stiftung hatte schon 2010 dafür gesorgt, dass ein ungenutztes Gelände mitten in der Stadt Schritt für Schritt zu einem Bildungscampus umgewandelt wurde.[85] Mittlerweile beherbergt der Campus vier Hochschulen, die Akademie für Innovative Bildung und Management Heilbronn-Franken (abgekürzt aim), die sogenannten Campus Founders, eine »Mindset-Schmiede« für künftige Entrepreneure[86], die Erzieher-Akademie Heilbronn und seit kurzem auch die Josef-Schwarz-Schule, eine bilinguale, international orientierte Ganztagsschule nach dem Phorms-Konzept. Der Name ist eine Verballhornung des englischen Wortes *formation* (Entwicklung) und *metamorphosis* (Veränderung). Alle Phorms-Schulgründungen sind gemeinnützig, ohne dabei die Wirtschaftlichkeit außer Acht zu lassen.[87] Besonders stolz sind die Heilbronner darauf, dass im Wintersemester 2018/2019 auch die Technische Universität München mit zwei Studiengängen ihren Betrieb auf dem Campus aufgenommen hat.

Mittlerweile gibt es eine Managementschule der TU München und einen eigenen kleinen TUM-Campus direkt neben der Dualen Hochschule Baden-Württemberg – an der ich seit 2018 auch einen Lehrauftrag habe. Allerdings am Standort Mannheim. Im Jahr 2019 hat mich die Duale Hochschule Baden-Württemberg sogar zu ihrem »Ehrensenator« ernannt, was mich sehr stolz gemacht hat. Wer weiß: Vielleicht klappt es ja in Zukunft bei Gelegenheit, auch in Heilbronn mit den Studentinnen und Studenten der DHBW in den Austausch zu kommen. Jedenfalls bin ich vom Konzept der Dualen Hochschule sehr überzeugt. Vor allem, wenn es so innovativ wie in der DHBW angepackt wird. Denn man darf nicht vergessen: Die Dualen Hochschulen haben das Konzept des lebenslangen Lernens perfektioniert. Auch mit über fünfzig kann man dort Umschulungs- und Aufbaustudiengänge belegen. Unsere Dualen Hochschulen sind wirklich zukunftsweisend und müssen sich nicht verstecken, wenn sie mit klassischen universitären Studiengängen verglichen werden. Und ich kann mir, glaube ich, ein Urteil erlauben, weil ich den direkten Vergleich zwischen Dualer Hochschule und Universität ziehen kann. Denn seit 2019 bin ich auch als Lehrbeauftragter an der Friedrich-Wilhelms-Universität Bonn tätig, was mir im Übrigen ebenfalls ausgesprochen viel Spaß macht. Zudem bin ich Mitglied des Beirates des Bundesverbandes der Dualen Hochschulen. Ein Gremium, das den wenigsten bekannt ist, dessen Wirken aber eine immense Bedeutung für den Bildungsstandort Deutschland hat.

Eine echte Sternstunde unternehmerisch inspirierten Mäzenatentums war sicherlich auch die Ansiedlung einer Coding-Fachhochschule auf dem Campus in Heilbronn. Und zwar eines Ablegers der renommierten französischen Programmierschule »42«.[88] Sie befindet sich einen Steinwurf vom Bildungscampus entfernt und residiert seit Sommer 2021 in einem renovierten Backsteingebäude – einer alten Fabrikhalle aus jener Zeit, zu der Heilbronn zur Avantgarde der Frühindustrialisierung gehörte.

»42« ist eine private und gemeinnützige IT-Schule, die vom französischen Tech-Unternehmer Xavier Niel initiiert und mit weiteren Partnern gegründet wurde und auch weiter von den Partnern der 42-Gruppe finanziert wird. Ihr ungewöhnlicher Name ist übrigens eine Hommage an *Per Anhalter durch die Galaxis* des britischen Autors Douglas Adams. Das Kultbuch, ursprünglich ein Hörspiel aus dem Jahr 1978, enthält die legendäre Szene, wonach die Antwort auf die Frage nach dem Sinn des Lebens von einem Supercomputer mit »42« beantwortet wird – das profane Ergebnis einer riesigen Rechenleistung zeigte, dass er den tieferen Sinn der Frage nicht verstanden hatte.

Bezeichnend ist, was zum »42-Erlebnis« ausdrücklich dazugehört: »Bei 42 Heilbronn lernst du natürlich, wie man programmiert. Doch vor allem lernst du, wie man lernt. Während des gesamten Studiums entwickelst du Fähigkeiten, die dir helfen, neugierig zu bleiben, anpassungsfähig zu sein und den Mut zu entwickeln, jede Herausforderung anzugehen.« Zwar ist die Coding-Schule ein privater Bildungsträger, weshalb ihre Studentinnen und Studenten kein BAföG beantragen können. Um das auszugleichen, hat die Coding-Hochschule ein Stipendienprogramm entwickelt, dass es ermöglicht, das Studium kostenlos anzubieten. Motto: Konzentriere dich auf das Ergebnis – nicht auf die Hindernisse. Der Leiter der Coding-Schule war vorher jahrelang bei Google. Der Silicon-Valley-Spirit ist also inklusive.

SYSTEME, ANWENDUNGEN UND PRODUKTE VON MORGEN

Dieter Schwarz will Gutes tun. Und er ist großzügig. Andere, die in der Welt der Wirtschaft Außergewöhnliches geleistet haben, lassen sich Superyachten bauen, umsegeln die Welt oder kaufen eine Karibikinsel. Schwarz will die Zukunft gewinnen – für seine Heimatstadt Heilbronn. Provinziell aber packt er die Sache nicht an. Und deshalb ist er für mich ein leuchtendes Vorbild. Er geht unternehmerisch vor und hat einen Plan sowie viele Verbündete, die sich wie er für seinen Masterplan der Transformation einer Industriestadt zu einem internationalen Bildungs-, Forschungs- und Start-up-Zentrum genauso begeistern können wie er. Und einen genauso langen Atem haben. Der Oberbürgermeister der Stadt gehört ebenso dazu wie namhafte Persönlichkeiten aus Wissenschaft und Politik. Und natürlich – und das ist der Schwarz-Stiftung wichtig – die Firmen und Unternehmen aus Heilbronn und Umgebung. Abgehoben ist man in Heilbronn nicht. Nur ambitioniert.

Genauso weit weg von Heilbronn wie die Landeshauptstadt Stuttgart im Süden liegt Walldorf im Westen – das Land der »Systeme, Anwendungen und Produkte in der Datenverarbeitung«, abgekürzt: SAP. Was Dieter Schwarz vor zehn Jahren angefangen hat, könnte vielleicht in 20 Jahren etwas Ähnliches hervorbringen wie Deutschlands größtes und international erfolgreiches Softwareunternehmen.

Es ist faszinierend zu analysieren, wie die alte Unternehmer- und Gründergeneration den Staffelstab weiterreicht – und einfach: *hilft*. Diskret und gut gelaunt. Mit Geld und Rat und Tat. Und manchmal auch mit klaren Statements. Allein die drei Großaktionäre unter den fünf Gründern von SAP, nämlich Hasso Plattner, Dietmar Hopp und Klaus Tschira, allein sind ein wahrer Kosmos der Bildungs- und Start-up-Förderung. Sie würden eine Art soziokulturelle Studie zum Thema »Unternehmertum« in all ihren Facetten und Bedeutungsebenen ermöglichen.

Wir sehen in Hasso Plattner einen legendären Mäzen und einen der reichsten Deutschen. Wir kennen ihn als den strategischen Kopf von SAP, dessen Aufsichtsrat er immer noch ist. Doch die Geschichte will von vorne erzählt sein, um verstanden zu werden. Soll heißen: Auch Plattner, Kind von Vertriebenen aus Siebenbürgen in Rumänien, war einmal jung und hungrig. Und blickte in eine reichlich ungewisse Zukunft. Sein Glück war, eine gute Ausbildung genossen zu haben, und zwar an der Technischen Hochschule Karlsruhe, dem heutigen Karlsruher Institut für Technologie (KIT). Und bei einem interessanten Unternehmen namens IBM erste berufliche Erfahrungen gesammelt zu haben. Der Rest ist Legende.

Heute dreht Plattner ein großes Rad, was die *Ermöglichung* von Aufstiegs- und Erfolgsgeschichten wie seiner angeht: Schon 1998 gründete er das Hasso-Plattner-Institut für Softwaresystemtechnik an der Universität Potsdam, kurz HPI, und zwar mithilfe seiner gemeinnützigen Hasso-Plattner-Stiftung für Softwaresystemtechnik. Plattner machte eine atemberaubende Zusage: Er garantierte der Stiftung, die das Universitätsinstitut hauptsächlich trägt, 20 Jahre lang mehr als 50 Millionen Euro aus seinem Privatvermögen. Inzwischen hat sich das Engagement für das HPI, wie man nachlesen kann, sogar vervierfacht. Der Stifter finanziert das HPI nicht nur komplett, sondern er engagiert sich dort auch als Leiter eines ganzen Fachgebiets. Natürlich ist Plattner auch weitsichtig genug, gleich persönlich für einen intensiven Austausch mit der Stanford University zu sorgen: indem er dort im Oktober 2005 das Hasso Plattner Institute of Design gestiftet hat. Wissenschaftler verschiedener Fachrichtungen entwickeln in Palo Alto gemeinsam nutzerfreundliche Innovationen. Und treffen sich bei einem jährlich stattfindenden Workshop zum Thema *Design Thinking* in Deutschland. Gezielt werden auch deutsche Unternehmen in gemeinsame internationale Entwicklungsprojekte eingebunden. Die Forschungsachse Palo Alto – Potsdam steht. Hasso Plattner sei Dank.

Ähnliches bewirkt er auch in anderen Ländern, zu denen er eine persönliche oder familiäre Bindung hat: Er unterstützt zwei südafrikanische Universitäten sowie die Lucian-Blaga Universität (ULBS) im rumänischen Hermannstadt, der alten Heimat seiner Eltern.

Hasso Plattner ist ein großzügiger Mensch. Aber er ist auch Realist und mit jeder Faser seines Herzens Unternehmer. Kein Wunder, dass er klare Worte findet zur immer wieder geforderten und diskutierten »Vermögens-« oder »Reichensteuer«. »Bei einer zweiprozentigen Vermögenssteuer muss ich Deutschland verlassen«, sagte er der *Frankfurter Allgemeinen Zeitung*. Warum? Weil sie einfach ein falsches – und dummes – Instrument ist. Sie würde verhindern, dass es in diesem Land genügend innovative, auf Wachstum ausgerichtete Firmen gäbe. Denn Wachstumsfirmen, so Plattner, »sind nicht immer in der Lage, Steuern zu zahlen. Vor allem, wenn sie noch wachsen und Verluste machen, aber schon einen hohen Marktwert haben. Seit 25 Jahren versuche ich der Politik zu erklären, dass das für Deutschland schwere Konsequenzen hätte. Dann muss das Land die halt tragen: Eine neue SAP kann ich mir unter diesen Umständen nicht vorstellen.«[89]

Einleuchtender und konkreter kann man es nicht sagen. Wie bereits gesagt: Es braucht einfach mehr Unternehmer in der Politik, die grundlegende Zusammenhänge erklären und benennen. Und nicht nur Rufer in der Wüste sind.

Auch Dietmar Hopp hat nach seiner aktiven Zeit bei SAP noch einmal beide Ärmel hochgekrempelt. Natürlich ist er vor allem bekannt dafür, seinen alten Fußballverein TSG 1899 Hoffenheim groß und erfolgreich gemacht zu haben. Aber der Breitensport ist nur das sichtbarste Feld seines unternehmerisch geprägten Mäzenatentums.

Die Dietmar Hopp Stiftung wurde schon 1995 gegründet als gemeinnützige GmbH.[90] Ein wichtiges Anliegen war Dietmar Hopp von Anfang an die Förderung der medizinischen Forschung und Entwicklung vor allem auf dem Gebiet der Kinder- und der Krebsmedizin. Dass die Stiftung sich der Förderung des Jugendsports annimmt, liegt auch in der Biografie des Stifters begründet: In seiner Kindheit und Jugend spielte er bei seinem Heimatverein in Hoffenheim Fußball. Und natürlich begegnet uns auch hier wieder das Thema Bildung. »Die Dietmar Hopp Stiftung hat es sich zum Ziel gesetzt, zu einer ganzheitlichen und qualifizierten Bildung für junge Menschen beizutragen.« Punkt.

Dass ambitioniertes Mäzenatentum, das etwas bewirken, anstoßen und Neues schaffen soll, durchaus riskant ist, kann man an den SAP-Legenden Plattner, Hopp und Tschira auch studieren: Von der Erfolgsstory BioNTech in Mainz war ja schon mehrmals die Rede – von den Ermöglichern dieser Erfolgsstory und dem Forschungsökosystem, ohne das das Unternehmen nicht denkbar ist. Dietmar Hopp gehört zu den Anker-Investoren des BioNTech-Konkurrenten Curevac. Es dürften eine Viertelmilliarde Euro sein, die er als Business Angel und Investor bislang in Curevac investiert hat. Kenner der Szene sagen, ohne Hopp gäbe es das Unternehmen aus Tübingen gar nicht mehr.[91] Schon vor über zehn Jahren hat Hopp bereits etwas Ähnliches durchgemacht: Damals scheiterte ein in der Entwicklung schon weit fortgeschrittenes Prostatakrebsmedikament und mit ihm das komplette Biotech-Start-up.

Auch das gehört nämlich zur Wahrheit: dass das, was vermögend gewordene Unternehmer als Investoren tun, zwar unendlich wichtig ist. Für die Wissenschaft, für das Land, für die Region. Nur: Eine Erfolgsgarantie gibt es nicht. Das versteuerte private und dann investierte Geld kann sich auch in Luft auflösen. Oder über Jahre nichts abwerfen – außer Sorgen. »Der Staat« als angeblicher Antipode zum

»neoliberalen« Unternehmer könnte alles das weder tun noch aushalten.

Der Dritte im Bunde der SAP-Legenden, Klaus Tschira, unternahm Vergleichbares. Leider starb er 2015. Aber seine 1995 als gemeinnützige GmbH gegründete Klaus Tschira Stiftung (KTS) lebt weiter und gehört zu den großen gemeinnützigen Stiftungen Europas. Tschira, der Stillste von den dreien, war Physiker, auch er ein Absolvent der TH Karlsruhe. Seine Stiftung fördert Naturwissenschaften, Mathematik und Informatik und möchte die Wertschätzung für diese Fächer in der Gesellschaft steigern. Das Engagement der KTS beginnt im Kindergarten und setzt sich in Schulen, Hochschulen und Forschungseinrichtungen fort. Auch sein Motto war Bildung, Bildung, Bildung. Tschira betätigte sich ebenfalls als Investor in Start-ups, auch wenn er die Bezeichnung Investor ablehnte.[92] Er war sich immer bewusst, dass das Investieren in Start-ups besonders risikoreich ist und so etwas wie die Königsklasse des Unternehmertums darstellt. Deshalb schätzte er Menschen nicht, die sich Investoren nennen, aber lediglich das Geld anderer riskieren. Auch darin zeigte er sich ganz als Unternehmer.

05

WOHLSTAND FÜR ALLE DURCH BILDUNG UND UNTERNEHMERTUM

DIE MITTELSTÄNDISCHE INDUSTRIE: HELDEN DER REGION

Die Stars der deutschen Wirtschaft sind im besten Sinne provinziell. Gott sei Dank, möchte man sagen.

Sie sitzen eben nicht alle im überlasteten Speckgürtel von zwei, drei Großstädten. Sondern zum Beispiel in der nordhessischen, württembergischen, oberbayerischen oder thüringischen Provinz. Viele werden völlig zu Recht als Hidden Champions bezeichnet. Sie bilden das Rückgrat der starken deutschen Wirtschaft – und sie sind der Motor des deutschen Wohlstands. Ihre Gründer waren eigenwillig und fleißig, detailversessen und innovativ, fordernd und zugleich sozial orientiert und heimatverbunden. Das hat sich auf die Firmen übertragen, die nicht selten familiär weitergeführt werden, bis zum heutigen Tag. Gleichzeitig sind die meisten dieser Provinzperlen atemberaubend international aufgestellt, mit vielen Standorten in allen Weltregionen sowie oft Zehntausenden von Mitarbeitern weltweit. Ein kluger Kopf sagte schon vor Jahren fast beiläufig in einem Gespräch, dass man nur zwei, drei sehr kleinen, ziemlich unbekannten deutschen Firmen den Stecker ziehen müsste, und schon würden bald die U-Bahnen in ganz Asien nicht mehr fahren. Das hat sich mir eingeprägt, auch wenn es vielleicht heute so nicht mehr stimmt. Es lohnt sich dennoch, da einmal näher hinzuschauen.

Was zeichnet typische deutsche Mittelständler aus? Und welche Bedeutung haben sie für die Stadt oder Region, in der sie beheimatet sind? Meist eine große Bedeutung. Natürlich – es ist eine rhetorische Frage. Nicht selten sogar eine enorme, umfassende, manchmal sogar *stilbildende* Bedeutung. Ein Grund dafür ist schon das Verb *beheimatet*. Traditionsunternehmen, nicht selten familiengeführt, haben ihre Firmenzentrale nicht deshalb in einer bestimmten Stadt, weil es dort gerade den niedrigsten Hebesatz, die billigsten Arbeiter oder das größte Reservoir an gut ausgebildeten Mitarbeitern gibt. Sie sind – immer noch und zumeist über Generationen – dort, weil ihr Unternehmen an diesem Ort gegründet, groß und erfolgreich geworden und tief verwurzelt ist. Das gilt nicht nur für das SAP-Dreigestirn Hopp, Plattner, Tschira oder Dieter Schwarz, die einen großen Teil ihres mäzenatischen Wirkens auf ihre Heimatregion konzentrieren. Das gilt besonders für die alten, aber weiterhin hochinnovativen und auf dem Weltmarkt tätigen Familienunternehmen wie Miele, B. Braun, Trumpf, Drägerwerk oder den Automatisierungsspezialisten Festo, die Krones AG oder die Wittenstein SE.

Ein typisches deutsches Familienunternehmen auf der Höhe der Zeit ist beispielsweise Miele. Gegründet wurde das Unternehmen 1899 von Carl Miele, einem gelernten Maurer und Schornsteinbauer (und auch sonst einem kundigen Handwerker) und Reinhard Zinkann, einem Vertreter und Kundenbetreuer einer Eisenwaren-Firma. Der Betrieb begann mit elf Mitarbeitern. Miele übernahm die Entwicklung und Produktion. Zinkann den Vertrieb. Zunächst wurden Milchzentrifugen gefertigt und Buttermaschinen gebaut. Aber Miele und seine Mitarbeiter waren gleichermaßen praktisch wie innovativ veranlagt – und entwickelten auf der technischen Grundlage ihrer Buttermaschine die erste Waschmaschine von Miele. Der Rest ist Legende. Geführt wird das Unternehmen heute von – den Herren Miele und Zinkann. In der vierten Generation. Nämlich von Markus Miele und Reinhard Zinkann. Auch die Arbeitsteilung ist noch ähnlich wie bei ihren Urgroßvätern. Natürlich haben die beiden sich drei weitere Profis ins Management ihrer Firmenleitung geholt. Bei rund 21 000 Angestellten und Geschäftsaktivitäten praktisch weltweit eine Selbstverständlichkeit. An die Börse wollen die beiden Familien, denen das Unternehmen nach wie vor gehört, aber nicht. Professionell und innovativ ist man trotzdem. Und frei in allen wichtigen Entscheidungen.

Auch in der vierten Generation, nach sensationellem Erfolg mit Wertarbeit und technischen Innovationen und einer beachtlichen Internationalisierung, verstehen sich die Mitarbeiter und die Unternehmensleitung als eine Art große Familie, als Schicksalsgemeinschaft. Miele, so ist in der Region zu hören, sei bekannt dafür, ein Arbeitgeber zu sein, der die soziale Verantwortung ernst nimmt. Regelmäßig werden Mitarbeiter von anderen Standorten in die westfälische Provinz eingeladen. Der *Neuen Zürcher Zeitung* sagte Reinhard Zinkann jun. Ende 2021: »Bei uns gibt es kein ›hire and fire‹.«[93] Miele ist stolz darauf, viele Mitarbeiter bis zur Pensionsgrenze zu beschäftigen. Klar ist aber auch: Miele ist kein Wohltätigkeitsverein. Zinkann, der sein Wirtschaftsstudium unter anderem an der Harvard-Universität absolviert hat, verwies gegenüber der NZZ auf ein Strukturprogramm, dass man mit der Unternehmensberatung McKinsey durchführen wolle.

Natürlich gibt es ein Carl-Miele-Berufskolleg für Technik in Gütersloh, das von Miele gefördert und unterstützt wird.[94] Guten Nachwuchs ausbilden, Bildungschancen eröffnen: Jungen Menschen wird dort das geboten, was man einen guten Start ins Berufsleben nennt: Von der Berufsvorbereitung über die Berufsschule bis hin zur allgemeinen Hochschulreife gibt es ein breites Spektrum an Angeboten und Abschlüssen. Überhaupt ist es mit Händen zu greifen, dass überall dort ein breit gefächertes Bildungsangebot geboten und weiterentwickelt wird, wo typische deutsche Mittelständler ihre Region oder Stadt über Generationen mitgeprägt haben. Im Falle Gütersloh sind das neben Miele natürlich die große Stiftung des Medienkonzerns Bertelsmann oder auch das kleinere Westaflex, ein Spezialist für Haus- und Klimatechnik mit rund 2700 Mitarbeitern – und wie kann es anders sein: Westaflex ist ebenfalls ein Familienunternehmen, das bereits in der vierten Generation von einer Familie geprägt wird.

Die Bertelsmann-Stiftung ist mittlerweile eine der großen, bekannten gemeinnützigen Unternehmensstiftungen in Deutschland. Nicht zufälligerweise engagiert sie sich maßgeblich beim Thema Bildung. Sie wurde schon 1977 gegründet und widmet sich immer wieder auch der Förderung der dualen Ausbildung. Übrigens nicht nur in Deutschland. Natürlich ist es Ehrensache für die Familie von Stiftungsgründer Reinhard Mohn, sich für oder in der Stiftung zu engagieren. So ist beispielsweise eines seiner Kinder, der Unternehmer Christoph Mohn, Mitglied des Kuratoriums der Bertelsmann-Stiftung – und zusätzlich Vorstandsvorsitzender der 2006 gegründeten Reinhard-Mohn-Stiftung, die an das Lebenswerk seines Vaters Reinhard Mohn erinnern soll und Bildungsprojekte mit Schwerpunkt in Ostwestfalen-Lippe fördert, um die Chancen von Kindern und Jugendlichen in der Heimatregion von Bertelsmann zu verbessern.

Es gibt viele Initiativen von Menschen, die Gutes tun wollen und mithelfen, diese Gesellschaft weiterzuentwickeln und für Neues vorzubereiten. Auch wenn sie sich im Vergleich zu den Quandts, Mohns oder der Familie Schwarz vielleicht klein ausnehmen. Auch ich engagiere mich nicht nur in der Bürgerstiftung Berlin oder für das Nationaltheater Mannheim. Im Jahr 2020 – die beginnende Corona-Pandemie machte mich in vielerlei Hinsicht nachdenklich – habe ich mich dazu entschlossen, meinen eigenen Beitrag zu leisten, und gründete die »Harald Christ Stiftung für Demokratie und Vielfalt« in Berlin. Zweck der Stiftung ist es, einen Beitrag zur Stärkung unserer Demokratie auf der Basis des Grundgesetzes zu leisten. Ich möchte unsere demokratische Debattenkultur fördern, die Freiheit von Meinung und Presse. Aber auch Diversity, Akzeptanz und Chancengleichheit aller Menschen. Denn ich werde den Weg, den ich als Kind eines Opel-Arbeiters aus Worms bis zum erfolgreichen Unternehmer und politisch engagierten Menschen zurückgelegt habe, nie vergessen.

VON EHRBAREN KAUFLEUTEN, HANDWERKSKUNST UND KUCKUCKSUHREN

Wer verstehen will, wo die Wurzeln dieser einmaligen Mischung von Unternehmergeist und Tüftelei, von Innovationsorientierung und Heimatverbundenheit, von kaufmännischem Geschick und Bildungsbeflissenheit liegen, kann natürlich in vielen Büchern zur europäischen Wirtschafts- und Kulturgeschichte schmökern. Oder Max Webers legendäres Buch lesen und sich die Sache mit der *Protestantischen Ethik und dem Geist des Kapitalismus* noch einmal vergegenwärtigen (was allerdings nicht ausreichend erklärt, warum nicht wenige sehr katholische Regionen Mitteleuropas wirtschaftlich auch sehr erfolgreich waren und sind).[95]

Oder man lässt es sich von Klaus Henning erklären. Professor Henning ist Elektrotechniker, Kybernetiker[96] und Politikwissenschaftler. Bis zu seiner Pensionierung war er 25 Jahre lang Leiter des Institutsclusters für Kybernetik (Cybernetics-Lab der RWTH Aachen University) und Inhaber des Lehrstuhls für Informationsmanagement im Maschinenbau. Auch war er einige Jahre lang Mitglied im Präsidium des VDI, kennt also die unternehmerische Seite und den angewandten Maschinenbau aus dem Effeff. Heute arbeitet er als Berater, man könnte auch sagen als Ratgeber und Mentor für diejenigen, die mit professionellen Fragestellungen und ungelösten Problemen zu ihm kommen.[97] »Ich stehe für ›Themen und Menschen zusammenbringen‹. Mein Blick geht immer fünf bis zehn Jahre voraus und fragt: Was kommt auf uns zu – technologisch, wirtschaftlich, gesellschaftlich …« Ihm mache es Freude, Menschen zusammenzubringen, die ihre nahe Zukunft anpacken und gestalten wollen, um daraus konkrete Perspektiven und Handlungen abzuleiten. »Wenn dabei Mut zur Zukunft und konkrete Umsetzungen herauskommen, bin ich zufrieden.« Einer solchen Herangehensweise an die Zukunftsaufgaben unseres Landes kann ich viel abgewinnen.

Ich erinnere mich nicht mehr genau, wann und wo es war, aber bei einem Vortrag hat Henning einmal auf die Frage, woran es liegt, dass die Erfolgsstory der feinmechanischen Industrie zwischen Böhmen, der Schweiz und Württemberg geschrieben wurde, geantwortet: »An der Kuckucksuhr.« Anders gesagt: Die Grundlage der mittelständisch geprägten, oft in der Präzisions- und Feinmechanik beheimateten deutschen Industrie ist die einzigartige Kombination von *Handwerkskunst* – heute würde man sagen: der Kunst des »Engineering« – und der langen *Tradition des sogenannten ehrbaren Kaufmanns.* Diese beiden Faktoren seien die Grundlage für die Entwicklung des sozialpartnerschaftlichen Kapitalismus, der schließlich in der sozialen Marktwirtschaft des Ordoliberalismus kodifiziert wurde.[98]

Handwerkskunst meint nicht nur Techniken wie die Feinmechanik, in der viele technische Anwendungen und viel Ingenieurskunst ihren Ursprung haben, sondern alle Felder der qualifizierten Facharbeit. Die immer noch weltweit bewunderte deutsche Facharbeit umfasse dabei, so Henning, das gesamte duale berufliche System von Industrie über Handwerk bis hin zu allen Dienstleistungssparten. Und *Engineering* beziehe sich dabei nicht nur auf das Ingenieurwesen, sondern auf die »Fähigkeit des Machens«, die aus einem theoretischen Konzept eine realisierte, zuverlässig reproduzierbare Anwendung macht. Die Kombination unseres industriellen Know-hows mit Wissens- und Dienstleistungsprodukten sei bis heute die entscheidende Grundlage in allen Branchen, nach wie vor Weltmarktführer hervorzubringen. Und teure Produkte, die nicht selten im Hochlohnland Deutschland hergestellt werden, in alle Welt zu verkaufen. Das ist letztlich auch die Basis dafür, warum der Industriekoloss Siemens hochspezialisierte Tochterunternehmen wie den Medizintechnikkonzern Siemens Healthineers erfolgreich an die Börse und in die unternehmerische Unabhängigkeit entlassen kann – und zum Beispiel chinesische Investoren scharf darauf sind, ein Unternehmen aus Augsburg zu erwerben: die Kuka AG, ein weltweit führender Anbieter von Robotik sowie Anlagen- und Systemtechnik.

Auch wenn der berühmte »Dipl.-Ing.«, also der klassische Diplom-Ingenieur, im Zuge des sogenannten Bologna-Prozesses mehr und mehr vom Master of Engineering oder Master of Science abgelöst wird: Wir sollten darauf pochen, die *besondere Tradition* und die Tugenden Verlässlichkeit und Genauigkeit, Schnelligkeit und Flexibilität nicht aufzugeben. Sie gehören zur mitteleuropäischen und deutschen Kultur wie das nach dem Reinheitsgebot gebraute Bier, der Riesling und der Christstollen. Apropos Christstollen: Wer weiß, vielleicht hat der Freistaat Sachsen eine kluge Entscheidung getroffen, indem das Landeshochschulgesetz den grundständigen Studiengang mit dem Abschluss Diplom-Ingenieur weiterhin ausdrücklich zulässt.

Und der *ehrbare Kaufmann*? Das meint Vertragstreue und Fairness und das Achten des geistigen Eigentums anderer; eine mündliche Zusage ist so viel wert wie ein schriftlicher Vertrag – und es meint den respektvollen Umgang mit Mitarbeitern, Auftragnehmern und mit dem Nachwuchs. Weshalb auch die Bereiche Leistung, Forschung, Aus- und Weiterbildung in den zehn ethischen Grundsätzen des Bundesverbandes mittelständische Wirtschaft ausdrücklich genannt werden.[99] Auch das Leitbild des ehrbaren Kaufmanns hat seine Wurzeln in Mitteleuropa: bei der Hanse etwa, dem norddeutschen Städtebund, der ohne dieses Leitbild nicht zur wichtigsten Handelsorganisation seiner Epoche hätte werden können. Und in Norditalien, jener Gegend, die auch heute noch das wirtschaftliche *Powerhouse* Italiens ist.

ZWEIGLEISIG

Dual, also zweigleisig, ist ein Großteil der Berufsausbildung in Deutschland. Wobei die beiden Gleisstrecken kunstvoll miteinander verzahnt und viele Weichen eingebaut wurden. Spurwechsel werden möglich, eine Weiterfahrt auf dem anderen Gleis auch. Ich weiß, wovon ich spreche: Ich habe kein Abitur, aber eine Berufsausbildung gemacht, dazu mehrere berufsbegleitende Zusatzausbildungen. Seit vielen Jahren unterrichte ich, wie schon erwähnt, an der Dualen Hochschule Baden-Württemberg. Und kenne das (weiterentwickelte) duale System nun auch von der anderen Seite her: als Lehrbeauftragter.

Das System der dualen Berufsausbildung ist vielen anderen Bildungssystemen auf der Welt überlegen. Bis heute. Es ist einer der Garanten, die Basis unserer einzigartigen Stellung in der Welt der Industriegüter und der angewandten Wissenschaften. Vor allem seine Modernisierung und Flexibilisierung Ende der 1990er-Jahre hat dazu beigetragen. Trotzdem wurde im Zuge der propagierten Akademisierung das duale Ausbildungssystem manchmal als »überholt« verunglimpft. Doch das ist erfreulicherweise vorbei. Trotzdem nahm die Zahl derjenigen, die eine Lehre beziehungsweise Berufsausbildung begonnen haben, ab und die Zahl der Studentinnen und Studenten in den 2010er-Jahren weiter zu.[100]

Leider scheint dieser Trend nicht zum Erliegen gekommen zu sein. Im Gegenteil: »Der beruflichen Bildung drohen Langzeitschäden durch die Coronapandemie.« Das sagte das DGB-Vorstandsmitglied Elke Hannack der *Süddeutschen Zeitung* im Frühjahr 2021.[101] Wie das Statistische Bundesamt ein gutes Vierteljahr später, nämlich im August 2021, mitteilte, hat die Corona-Krise zu einem bislang einzigartigen Rückgang der Zahl neuer Ausbildungsverträge geführt: Insgesamt haben im Jahr 2020 nur 465 700 Personen in Deutschland einen Ausbildungsvertrag in der dualen Berufsausbildung abgeschlossen und damit 47 600 oder 9,3 Prozent *weniger* als im Jahr 2019.[102] Auffällig ist, dass sich ein überraschender Trend fortsetzt: Seit zehn Jahren sinkt der Anteil der jungen Frauen. Sie ergreifen immer seltener eine duale Ausbildung. Im Jahr 2010 lag der Frauenanteil noch bei 41,8 Prozent. Zehn Jahre später liegt er bei 36,2 Prozent. Dass junge Frauen und Mädchen in den letzten zehn, fünfzehn Jahren schlechter als vorher gefördert, angesprochen oder ermutigt worden wären, kann niemand behaupten: Das Gegenteil ist richtig. Ich kann die verantwortungtragenden Politiker, aber auch die Unternehmen nur auffordern, bei ihrer Suche nach den Gründen tiefer zu bohren als bisher. Und dabei die Bildungslandschaft insgesamt im Blick zu behalten. Rein appellativ wird diese Unwucht nicht zu beheben sein. Und vielleicht wollen junge Frauen mehrheitlich auch andere Berufe ergreifen als junge Männer. Wichtig ist, *dass* sie eine gute Berufsausbildung erhalten und sich frei entfalten können.

Wie kluge Menschen wie Klaus Henning immer wieder sagen: Unter anderem von exzellent ausgebildeten Facharbeiterinnen und Facharbeitern hängt der Erfolg und damit der Wohlstand dieses Landes ab.

Tatsache ist aber: Die Zahl der Neuverträge im Ausbildungsbereich befindet sich auf einem historischen Tiefstand. Weniger als 500 000 neue Azubis – da verstärken sich offensichtlich gleich *mehrere Trends*: die ungünstige demografische Entwicklung, der ungute Trend zu einer Akademisierung um jeden Preis, die schrumpfende Zahl an Ausbildungsplätzen, Berufsbranchen, die ausgesprochen unattraktive Löhne zahlen – und dazu auch noch die desaströse Covid-Pandemie.

Doch machen wir uns nichts vor: Hinter dem statistischen »Corona-Loch« liegen zwei gefährliche und bislang politisch kaum benannte Megatrends ohne ausreichende Gegensteuerung: Da ist zum einen die ungute Entwicklung, dass einfach zu viele junge Leute ein

Studium beginnen – und dann auch noch vielfach in den falschen, für unsere ökonomisch-industrielle Basis eher irrelevanten Fächern. Und zum anderen wächst die Gruppe derjenigen, die überhaupt keinen oder nur einen schlechten Schulabschluss zustande bringen und danach schlicht nicht ausbildungsreif sind oder bei der Suche nach einem Ausbildungsplatz von Abiturienten oder Realschulabsolventen verdrängt werden. Statistisch gesehen ist die Zahl der neuen Auszubildenden etwa gleich groß wie die der rund 450 000 Erstsemester jährlich. Leider ist die Zahl derer, die überhaupt keinen oder nur einen schlechten Schulabschluss erworben haben, nur unwesentlich kleiner. Deren Weg führt ins sogenannte Übergangssystem: in ein Sammelbecken von Maßnahmen, in denen jene jungen Leute mehr schlecht als recht betreut werden, die auf eine Ausbildung warten. Diese Gruppe wird seit einigen Jahren zusätzlich von Zehntausenden junger Migranten gespeist, deren Bildungsvoraussetzungen schlecht sind und die noch nicht Tritt gefasst haben im Industrieland Deutschland.[103] In ebendiesem Industrieland Deutschland ist funktionaler Analphabetismus ein drängendes Problem.

ALS EIN MÖNCH SCHWIMMEN LERNEN WOLLTE

Vielen Deutschen, vor allem auch vielen deutschen Politikern ist nicht bewusst, dass das duale Ausbildungssystem etwas ausgesprochen Vorbildliches und international gesehen auch Besonderes ist. Wirklich verstehen wird man es wahrscheinlich erst, wenn man von außen darauf schaut. Im Jahr 2021 ist das Buch *Kopf, Hand, Herz – Das neue Ringen um Status. Warum Handwerks- und Pflegeberufe mehr Gewicht brauchen* erschienen. Sein Autor David Goodhart, Journalist und Mitarbeiter eines großen britischen Thinktanks, erklärt darin, warum in den vergangenen Jahrzehnten akademische Berufe so stark aufgewertet und handwerkliches Können gleichzeitig abgewertet wurde.[104]

Mit allen überaus negativen Folgen, die das mittlerweile zeitigt.

Was einem bei der Lektüre sofort ins Auge springt, ist die Vorbildfunktion, die das deutsche duale Aus- und Weiterbildungssystem für ihn hat. Goodhart war viele Jahre lang Deutschland-Korrespondent für die *Financial Times* und kennt unser Land. Er erklärt fundiert und kenntnisreich, dass die Akademisierung der letzten Jahrzehnte auch in Deutschland viele Schattenseiten aufweist. Und mittlerweile auch auf groteske Weise übertrieben wird. Zum Schaden vieler junger Menschen, die glauben, aus Statusgründen unbedingt studieren zu müssen. Oder weil danach die Verdienstmöglichkeiten scheinbar besser sind. Und er kritisiert – völlig zu Recht – die OECD, die Deutschland seit Jahren drängt, sein praktisches Ausbildungssystem durch eine Art allgemeineres Hochschulbildungswesen nach angelsächsischem Vorbild zu ersetzen. Doch schon heute brechen rund 35 Prozent der Studierenden ihr Studium ab. Und viel zu viele studieren mehr schlecht als recht »irgendetwas mit Medien«, sprich: ein sozial-, kultur- oder politikwissenschaftliches Studium ohne wissenschaftliche Ambitionen, das darüber hinaus keinerlei Berufsqualifikation einschließt. Studiengänge obendrein, die auf Berufe zielen, die vielfach nur prekäre Arbeitsverhältnisse kennen oder keinen Bedarf an einer großen Zahl von Absolventen haben.

Auf Deutsch: Wir lassen es zu, dass viel zu viele junge Leute das Falsche studieren und Ihnen sich danach keine guten Berufsperspektiven bieten.

Ein Studium, das theoretische Durchdringen von Problemen und Sachverhalten, hat seine Berechtigung. In einer komplexen Welt mit einem sich explosionsartig vergrößernden Weltwissen ist es unumgänglich, viele gut ausgebildete Akademiker ins Berufsleben zu entlassen. Das leuchtet jedem ein. *Aber!*

Erstens betrifft die Ausweitung des Wissens und der wissenschaftlichen Erkenntnis praktisch nur naturwissenschaftliche und technische Felder. Zweitens heißt das im Umkehrschluss nicht, dass dieser spezifisch naturwissenschaftliche Bedarf an Akademikern alles andere, was die Welt am Laufen hält, überflüssig macht. Außerdem – und da zeigt der Weg zurück zu unserem dualen Ausbildungssystem – kann man viele Dinge eben nicht allein in Vorlesungssälen oder aus Skripten lernen. David Goodhart erwähnt in seinem Buch die alte Geschichte von dem Mönch, der das Schwimmen erlernen will, indem er ein Buch über Schwimmtechnik liest.[105] Auch da wäre ein dualer, lebensechter Ansatz für den frommen Mann sicherlich der bessere gewesen.

Es macht mich nachdenklich, wenn jemand wie Goodhart sich fragt, ob wir unser duales Ausbildungssystem halten können, das auch nichtakademischen Tätigkeiten ein hohes Maß an Anerkennung sichert – oder ob auch wir den Weg zur Massenhochschule weiter beschreiten und dadurch Gefahr laufen, unsere gehobenen handwerklichen und technischen Kompetenzen zu verlieren.[106] Mit einer »Masseneliteׅ«, wie Goodhart sie nennt, die zwar Bachelor- und Masterabschlüsse in sozialwissenschaftlichen Fächern vorzuweisen hat, aber über sonst kein besonderes Know-how verfügt, werden wir die Zukunft (zum Beispiel den Wettbewerb mit Asien und den USA) nicht gewinnen, das Klima nicht retten, die Energiewende nicht schaffen. Ohne Produktionszuwächse jedoch, ohne die Fähigkeit, Innovationen *in der Praxis* umzusetzen und *Produkte* aus ihnen zu entwickeln, ohne qualitatives Wachstum werden wir uns unsere sozialen Sicherungssysteme und unseren Wohlstand im nächsten Jahrzehnt schlicht nicht mehr leisten können. Die 20er-Jahre des 21. Jahrhunderts sind deshalb wirklich entscheidend. Es sollte »unser Jahrzehnt« werden.

Auch aus dem Blickwinkel der Betroffenen ist der Ausbau der Massenuniversität nicht attraktiv. Studentinnen und Studenten, die auch im dritten Semester den Unterschied zwischen Bibliothek und Bibliografie nicht kennen und sich für beides auch nicht sonderlich interessieren, tut man keinen Gefallen damit, sie zu Schmalspur-Akademikern auszubilden. Denn man lockt sie auf einen Berufspfad, der sie mit großer Wahrscheinlichkeit unglücklich, unerfüllt, überfordert, gestresst oder frustriert zurücklässt. Viele Mitglieder dieser Massenelite vermissen etwas, das in ihrer postindustriellen Existenz nicht vorkommt: die tiefe Befriedigung, etwas Konkretes, Praktisches zu leisten oder mit ihren Händen und Sinnen etwas Sinnvolles zu tun. Entscheidend wird also sein, die »White-collar«-versus »Blue-collar«-Denke aufzugeben und nichtakademischen Tätigkeiten, die trotzdem viel Know-how und Können benötigen, ein *größeres Maß an sozialem Status* zuzuschreiben.

Denn es gibt mittlerweile einen mächtigen Trend, der in die entgegengesetzte Richtung läuft: Es ist die sich abzeichnende Renaissance handwerklicher und sozialer Tätigkeiten. Viele Arbeiten, die das Heer der Büroangestellten seit den 1960er-Jahren ausübt und die bei Licht betrachtet eine ziemlich *standardisierte kognitive Tätigkeit* bedeuten, dürften in naher Zukunft von künstlicher Intelligenz (KI) weitaus schneller und zuverlässiger ausgeführt werden. Das betrifft klassisch kognitive Arbeit in der Verwaltung ebenso wie in Rechtsanwaltskanzleien, in Laboren der Medizin, bei Versicherungen oder in Redaktionsstuben (nicht wenige kleinere Artikel in der klassischen Sportberichterstattung werden schon heute von Algorithmen verfasst). Goodhart zitiert die britischen Forscher Philip Brown und Hugh Lauder, wonach der Anteil der Konzernarbeitsplätze, die in besonderem Maße kognitive und analytische Kompetenz verlangen, stark abnimmt: Gerade einmal zehn bis fünfzehn Prozent der Mitarbeiter hätten »eine Denkerlaubnis«.[107]

So kann man es auch sagen.

Ein Buchhalter lässt sich durch ein Programm ersetzen. Ein fähiger Klempner, eine gut ausgebildete Kindergärtnerin oder ein in

Kreislaufwirtschaft geschulter Müllfahrer nicht. Ganz zu schweigen von klugen Mechatronikern, die Produktionsabläufe überwachen können. David Goodhart ist deshalb nur zuzustimmen, wenn er fordert, »Hand und Herz«, also handwerkliche, nichtakademische Berufe und Tätigkeiten in Erziehung und Pflege wieder aufzuwerten und diejenigen, die sie ausüben, wieder mehr wertzuschätzen. Nicht zuletzt die Corona-Krise bestätigt seine Thesen.

EIN EXPORTSCHLAGER WARTET AUF SEINE VERMARKTUNG

Zurück zum dualen Ausbildungssystem. Ja, es muss ständig angepasst und erneuert werden. Ja, manchmal dauert es einfach deutlich zu lange, bis sich die Tarifpartner auf die Definition eines neuen Ausbildungsberufes samt seinem Anforderungsprofil einigen können. Doch das ist Alltag. Wer sich zu lange auf alten Lorbeeren ausruht, wird keine neuen erringen.

Das duale Ausbildungssystem funktioniert – und es funktioniert flächendeckend in ganz Deutschland und hängt nicht nur an zwei, drei Branchen oder wenigen großen Unternehmen. Es gibt hohe Standards und ein Netz an Berufsschulen, Berufsakademien und Dualen Hochschulen (in Baden-Württemberg wurden die Berufsakademien umbenannt, in Sachsen zu einer einzigen landesweiten Berufsakademie umgewandelt. Staatlich anerkannte Berufsakademien in privater Trägerschaft gibt es in mehreren anderen Bundesländern). Ihre vornehmste und wichtigste Aufgabe war und ist es, eine theoretische Ausbildung an der Berufsakademie mit der *praktischen* Ausbildung in einem Unternehmen zu verknüpfen. In Baden-Württemberg beispielsweise werden in 20 Studiengängen etwa 100 Studienrichtungen aus den Bereichen Wirtschaft, Technik, Sozialwesen und Gesundheit angeboten. Nach Abschluss des dreijährigen Studiums verleiht die DHBW den Bachelor als akademischen Grad. Voilà – auch so kann Akademisierung vonstattengehen.

Warum wir aus dem dualen Ausbildungssystem nicht selbst einen Exportschlager gemacht haben, diese Frage hat schon Klaus Henning im *Dialog über Deutschlands Zukunft* gestellt, den die damalige Bundeskanzlerin 2011/2012 mit vielen Experten geführt hat. Leider mehr oder minder folgenlos.[108] Henning raufte sich schon vor über zehn Jahren die schütteren Haare, weil Deutschland es einfach nicht hinbekommt, aus seiner weltweit bewunderten Bildungslandschaft ein Produkt zu machen. Indien zum Beispiel habe Interesse daran, ein duales Ausbildungssystem aufgebaut zu bekommen. Doch Deutschland fehlt eine Organisation, die dieses Produkt anböte und in großem Maßstab ausrollen könnte. Immer noch. Trotz öffentlicher Förderbanken und vieler guter Worte von Politikern und den Organisationen der Sozialpartner.

Innovativ hingegen sind nach wie vor viele mittelständische Unternehmer als Partner im dualen System. Auch im Ausland. Deutsche Unternehmen wie Bosch, Miele oder AEG haben zum Beispiel in Portugal schon vor Jahren mit der dualen Ausbildung begonnen. Zu theoretisch war die Ausbildung an den portugiesischen Berufsschulen, befanden die portugiesischen Auslandstöchter der deutschen Unternehmen und baten die Deutsch-Portugiesische Industrie- und Handelskammer (DPIHK) um Hilfe.[109] Aber Initiativen dieser Art sind punktuell und hängen stark vom Engagement einzelner Unternehmen ab. Immerhin gibt es eine Zentralstelle der Bundesregierung für internationale Zusammenarbeit in der Berufsbildung (GOVET) und das Bundesinstitut für Berufsbildung (BIBB). Von ihnen angestoßen begleitet vor allem das BIBB diverse Kooperationen in mehreren Ländern.[110] So verdienstvoll das auch ist: Klaus Henning schwebte sicherlich etwas anderes vor. Ich finde, sein Gedanke ist nach wie vor richtig und stellt eine Chance dar: den Aufbau und Betrieb dualer

Ausbildungssysteme in anderen Ländern. Als gut bezahlte Dienstleistung. Das, was Dieter Schwarz in Heilbronn unternimmt, könnte man hundertfach wiederholen – und unternehmerisch refinanzieren.

ZURÜCK IN DIE ZUKUNFT: AUF DIE WALZ

Wenden wir uns wieder der Provinz zu –den innovativen Mittelständlern und ihrer Bildungsarbeit. Immerhin stellen Familienunternehmen wie die Trumpf-Gruppe aus Ditzingen oder B. Braun aus Melsungen immer noch zwei Drittel aller Arbeitsplätze in Deutschland – und vier von fünf Ausbildungsplätzen! Ohne die Unternehmen wäre »Bildung« in Deutschland praktisch nicht vorstellbar. Das vergessen viele. Vor allem Bildungspolitiker. Oder sie verstehen es nicht.

Beeindruckt hat mich beispielsweise das Unternehmen Wittenstein aus Igersheim. *Wo?* Ja, genau: Igersheim. Das Örtchen hat stolze 5500 Einwohner, liegt im Main-Taber-Kreis, dem nordöstlichen Zipfel Baden-Württembergs. Die nächste größere Stadt ist Würzburg. Im Gemeinderat regiert die Freie Bürgervereinigung mit absoluter Mehrheit. Und Berlin ist weit weg. Es sind solche Regionen, in denen sich Hidden Champions, Weltmarktführer für Servo-Antriebssysteme, komplizierte Verzahnungstechniken, komplette elektromechanische Antriebssysteme und Ähnliches sehr wohlfühlen. Die Wittenstein SE hat 25 Standorte weltweit in 45 Ländern. Neun bis zehn Prozent des Konzernumsatzes werden in die konzerneigene Forschung gesteckt, die Ausbildungsquote liegt ebenfalls bei etwa neun Prozent.

Für ihre Lehrlinge und Auszubildenden hat sich die Firma Wittenstein etwas Besonderes ausgedacht: eine Initiative namens »Pioniere auf der Walz«. Man will damit die Persönlichkeitsentwicklung und die kulturelle Weiterbildung zukünftiger Mitarbeiter fördern. »Mit der Zeit des Wanderns nehmen wir eine mittelalterliche Tradition wieder auf, die angesichts der Globalisierung eine neue Aktualität gewinnt. Seit Beginn der Aktion im Jahr 2011 haben wir schon 50 Nachwuchskräfte auf die Walz geschickt«, wie man auf der Website des Unternehmens erfahren kann. Die Walz biete jungen Menschen nach absolvierter Ausbildung oder Studium und vor dem Eintritt ins Berufsleben die Möglichkeit einer ganz besonderen Auslandserfahrung. Der Clou: Die künftigen Mitarbeiter stellen sich selbst eine Aufgabe und organisieren ihren Aufenthalt in einem fremden Land selbst. »Die Wanderschaft soll den Horizont der jungen Mitarbeiterinnen und Mitarbeiter erweitern und sie anderen Kulturkreisen und Lebensformen näherbringen.« Hauptsächliches Bildungsziel: das Erkunden, Erfahren und Erforschen neuer Wege.

Eine mittelalterliche Tradition bei Wittenstein, Spezialist für Planetengetriebe, Verfahrenstechniken und Hochpräzisions-Werkzeugmaschinen. Das muss man sich auf der Zunge zergehen lassen. Traditionen, von denen Publizisten wie David Goodhart schwärmen, kommen eben nicht aus dem luftleeren Raum.

EIN GANZES DORF

Bildung, das Erkunden neuer Wege, das Lernen im Allgemeinen und Besonderen, findet nicht im luftleeren Raum statt. Es gibt eine alte Weisheit, die lautet: »Es braucht ein ganzes Dorf, um ein Kind zu erziehen.« Mit einem Unternehmen ist es ähnlich: Seine Mitarbeiter, sein regionales und kulturelles Ökosystem, die Mentalität, die es umgibt und auf die es trifft, prägen es genauso, wie umgekehrt ein Unternehmen auf die Menschen wirkt, die dort arbeiten. Und auf den Ort, an dem es sich befindet.

Seit Jahren ist der Begriff der Corporate Social Responsibility (CSR) eingeführt. Seit 2010 gibt es dafür sogar eine ISO-Norm. Sie ist zwar nicht zertifizierungsfähig, aber stellt eine wichtige Leitlinie dar, an der sich viele Unternehmen ausrichten. In der Finanzwelt hat sich das Kürzel ESG eingebürgert. Es steht für die englischen Begriffe *Environment, Social, Governance*, erweitert also den CSR-Gedanken um ökologische Kriterien. Mittlerweile schlägt die sogenannte Taxonomie der EU-Kommission hohe Wellen, weil sie im Sinne der ESG-Kriterien stark in das Kredit- und Investmentgeschehen eingreift.[111]

Tritt man einen Schritt zurück, bemerkt man, dass viele erfolgreiche deutsche Mittelständler und Familienunternehmer diese EU-Verordnung und ISO-Normen seit Jahrzehnten, zum Teil seit Generationen, erfüllen. Und wie selbstverständlich nach den Ideen, die diesen Normen zugrunde liegen, handeln.

So wie Miele in Gütersloh und Wittenstein im Main-Taunus-Kreis prägt die Firma Trumpf[112] die Region um ihren Standort Ditzingen vor den Toren Stuttgarts. Das Städtchen Ditzingen hat knapp 25 000 Einwohner und ist eine typische schwäbische Gewerbestadt mit gleich drei Firmenzentralen großer Unternehmen.[113] Doch das Unternehmen, das mit Ditzingen regelrecht verwoben ist, ist Trumpf: ein Markt- und Technologieführer bei Werkzeugmaschinen und Lasern für die industrielle Fertigung. Und Anbieter von Industrieelektronik und Softwarelösungen für die *Smart Factory* von morgen. Gegründet 1923, begann der rasante Aufstieg der 300-Mann-Firma für Blechbearbeitung in den 1960er-Jahren. Und zwar mit einem klugen Konstrukteur, den der kinderlose Firmengründer Christian Trumpf zum technischen Geschäftsführer machte – und ihn dann weiterwirtschaften ließ. Dieser Mann hieß Berthold Leibinger.

Heute macht die Trumpf-Gruppe einen Umsatz von über dreieinhalb Milliarden Euro. Geleitet wird das Unternehmen von Berthold Leibingers Tochter Nicola Leibinger-Kammüller, ihrem Bruder Peter Leibinger, ihrem Ehemann Mathias Kammüller und drei weiteren Managern.[114] Bildung, Fortbildung, Weiterbildung, Forschung und Entwicklung werden dort so ernst genommen wie in kaum einem anderen Unternehmen weltweit. Denn Trumpf, das ist – wenn man so will – wie Deutschland im Kleinen: Nur wenn man auch in Zukunft zu den Innovativen gehört, wird man weiterhin Erfolg haben und ebendeswegen auch viele attraktive Arbeitsplätze am Rande einer Kleinstadt vor den Toren Stuttgarts anbieten können. Das Trumpf-Management hat das verinnerlicht. Viele deutsche Politiker haben das scheinbar nicht erkannt. 2006 hat Trumpf-Chefin Leibinger-Kammüller zusammen mit ihrem Mann und ihrem Vater den »Deutschen Fairness-Preis« für Verdienste um eine faire und transparente Unternehmens- und Führungskultur erhalten. *Corporate Social Responsibility* eben, wie man auch auf Schwäbisch sagt. 2020 wurde sie in die »Hall of Fame« der deutschen Wirtschaft aufgenommen, eine Auszeichnung, die das Wirtschaftsmagazin *Manager Magazin* vergibt.

Und Berthold Leibinger? Der sorgte sich über seinen Tod hinaus um das Thema Bildung und Forschung und hat eine große Stiftung[115] hinterlassen. Sie konzentriert sich auf jenes Gebiet, das Leibinger senior so fasziniert hat: die angewandte Lasertechnologie. Die Stiftung vergibt einen Innovationspreis und finanziert seit 2011 an der Universität Stuttgart eine Stiftungsprofessur »Wirkungsgeschichte der Technik«, die die Wechselwirkungen zwischen Naturwissenschaft, Technik, Gesellschaft und Kultur beleuchtet.

MEDIZINTECHNIK, HANDBALL UND EIN GANZ BESONDERER SPIRIT

Am 7. Mai 2005 war es endlich so weit: Der MT Melsungen stieg in die erste Handballbundesliga auf.

Dass sehr viele der erfolgreichsten Vereine der Handballnation Deutschland in kleinen Städten zu Hause sind, ist bekannt. Aber Melsungen, eine Kleinstadt mit 13 000 Einwohnern und Luftkurort in

Nordhessen zwischen dem Melsunger Bergland im Osten und dem Homberger Hochland im Westen? Ganz einfach: Das mittelalterliche Städtchen ist der Unternehmenssitz der B. Braun SE, einem der weltweit führenden Hersteller von Medizintechnik und Klinikbedarf mit insgesamt rund 64 000 Mitarbeitern und einem Umsatz von 7,5 Milliarden Euro pro Jahr. Die Firma befindet sich nach wie vor in der Hand der Gründerfamilie. Vorstandsvorsitzende ist Anna Maria Braun.

Alles begann 1839, als Julius Wilhelm Braun die Rosen-Apotheke in der nordhessischen Stadt Melsungen kaufte. Die Herausforderungen sind Anfang des 19. Jahrhunderts andere als heute, aber auch damals galt die Maxime, die B. Braun noch heute erfolgreich macht: Innovationen für medizinische Therapien schaffen und im Austausch mit Kunden und Partnern erkennen, was wichtig ist. 1908 entwickelte die Firma steriles Nahtmaterial für Operationen aus resorbierbaren Tierdärmen. 1914 schon wurden die ersten Blutdruckmessgeräte hergestellt. In sechs Generationen entwickelte sich das Unternehmen zu einem globalen Konzern, der auf allen Kontinenten vertreten ist.

Doch die Unternehmenszentrale befindet sich immer noch in Melsungen. Und dort lebt und engagiert sich auch die Familie Braun.

Man könnte sich jetzt verlieren in den vielen innovativen Produkten dieses Weltmarktführers aus der deutschen Provinz. Und mal wieder staunen. Über die vielen Innovationen. Die stetige technische Verbesserung ihrer Produkte. Oder man zählt eins und eins zusammen und schaut auf den identitätsstiftenden Sportclub, den TSG 1899 Hoffenheim von Melsungen.

Axel Geerken, der 15 Jahre als Torwart in der Bundesliga aktiv war, ist Vorstand der MT Spielbetriebs- und Marketing AG. Das ist die professionelle Organisation hinter dem Handballbundesligisten MT Melsungen. Der Verein selbst wurde 1861 als Melsunger

Turngemeinde (MT) gegründet und ist damit deutlich jünger als B. Braun. Aufsichtsratsvorsitzende des Vereins ist Barbara Braun-Lüdicke. Geerken sagte vor ein paar Jahren über sie: »Ohne Frau Braun-Lüdicke und die B. Braun Melsungen AG wäre der Verein nicht dort, wo er jetzt steht. Dank ihr ist im Verein die Erkenntnis gereift, dass wenn wir Erfolge erzielen wollen, muss in allen Bereichen professionell gearbeitet werden. Was mich menschlich beeindruckt: Die Familie Braun ist finanziell unabhängig und wirtschaftlich erfolgreich. Viele würden da abheben, bei Frau Braun-Lüdicke ist das nicht der Fall. Als Mensch ist sie bodenständig und sozial eingestellt.«

Was man alles über Corporate Social Responsibility lernen kann, wenn man das Magazin *Handball Backstage* konsultiert.[116]

Auf die Frage, warum sich das Unternehmen B. Braun im Handballsponsoring engagiert, redet Barbara Braun-Lüdicke, die auch im Aufsichtsrat der B. Braun Melsungen AG sitzt, im Interview mit dem Handball-Magazin durchaus Klartext: »Für uns hat das Sponsoring aber wenig Werbeeffekt, und wir sehen es mehr als unsere soziale Verantwortung an. Wir möchten junge Menschen auf ihrem beruflichen Weg mit einer guten Ausbildung ein Stück weit begleiten. Zudem macht es unsere Mitarbeiter natürlich auch stolz, in Melsungen einen erfolgreichen Erstligisten zu haben. Für diese haben wir auch gewisse Kartenkontingente für die Heimspiele zur Verfügung.«

Warum erzähle ich das? Weil Beispiele wie Trumpf, B. Braun oder Miele zeigen, *dass es ohne Unternehmertum nicht geht*. Weil das Bild, das mittlerweile oft genug von »der« Wirtschaft, »den« Unternehmen, »den« Reichen gezeichnet wird, nicht nur falsch, ressentimentgeladen und voller Vorurteile ist und weil es grundlegende Zusammenhänge von Wirtschaft und Gesellschaft, von Bildung und Innovationen ausblendet.

Weil es die Quellen unseres Wohlstands nicht kennt. Das treibt mich um. Darum schreibe ich dieses Buch.

VON UMWELTAKTIVISMUS, VERZICHTSROMANTIK UND DEM STARKEN, SCHWACHEN STAAT

Wir leben in einer Zeit, in der »dem Staat« übermenschliche Kräfte zugetraut werden. Das ist beunruhigend. Denn wir stehen in der Tat vor großen Aufgaben. Unsere Welt wird sich verändern – *transformieren*, wenn man das Modewort strapazieren will. Momentan aber sieht es eher so aus, als ob das Kind mit dem Bade ausgeschüttet werden soll. Als ob linke Weltverbesserer und Ideologen unserer Gesellschaft das freie Unternehmertum abspenstig machen und stattdessen Staatsgläubigkeit als moralisches Allheilmittel etablieren wollten.

Auftritt Maja Göpel. Ihre Bücher und Thesen werden gelesen und herumgereicht. Sie wird gerne für Vorträge gebucht und in Regierungskommissionen berufen. Göpel, die ein Diplom in Medienwissenschaften und einen Doktortitel in politischer Ökonomie hat, gilt als führende deutsche »Politökonomin, Transformationsforscherin, Nachhaltigkeitswissenschaftlerin und Gesellschaftswissenschaftlerin«, wie uns Wikipedia mitteilt. Die Wochenzeitung *Die Zeit* feiert sie als »Wissenschaftlerin der Stunde, als eine der prägenden Stimmen der Zeit«.[117] Nun ja. Göpel versteht sich selbst als Umweltaktivistin und unterstützt beispielsweise rückhaltlos die Forderungen der Schülerprotestbewegung »Fridays for Future«. Sie hält viele Vorträge und gibt viele Interviews.

Es ist ja richtig, dass das Thema, dem sie sich so engagiert widmet, eines *der* Jahrhundertthemen ist: Ökologie und Ökonomie zusammenzudenken. Und machen wir uns nichts vor: Es ist *unser* Jahrhundertthema. Wir dürfen es nicht kleinreden und nicht wegdrücken. Doch entscheidend wird sein, *welchen Pfad* wir einschlagen, um uns Schritt für Schritt so zu verändern, dass wir aufhören, Raubbau an unseren natürlichen Grundlagen zu betreiben. Und gleichzeitig nicht das Leben von Millionen oder gar Milliarden von Menschen wieder prekär werden lassen. Denn eines kann man in der Weltgeschichte hinreichend studieren: arme Gesellschaften, deren Mitglieder mit Entbehrungen aller Art kämpfen. Hungrige und frierende Menschen kümmern sich nicht mehr um die Umwelt, den Artenschutz oder das Klima. Sie kämpfen, wenn nicht ums tägliche Überleben, dann doch um ihr tägliches Wohlergehen. Und das manchmal mit sehr unschönen Methoden. Länder, die von Mangelwirtschaft geprägt sind, haben kein freundliches Gesicht, sie leiden unter Korruption genauso wie unter Umweltverschmutzung. Und sie produzieren dadurch sehr viel Leid.

Unseren Wohlstand und viele zivilisatorische Errungenschaften leichtfertig aufs Spiel zu setzen ist in jeglicher Hinsicht kontraproduktiv. Deshalb geht es bei der Frage einer ökologischen »Transformation« eben auch um die Frage, ob wir die *Prinzipien einer liberalen Demokratie* – Innovationsoffenheit, Unternehmertum, individuelle Freiheit – und den Klimaschutz unter einen Hut bekommen. Anders gesagt: Wenn wir Unternehmen wie die in diesem Buch vorgestellten kaputtmachen und abwürgen, wenn wir unsere hochentwickelte soziale Marktwirtschaft Schritt für Schritt eintauschen gegen eine *staatlich gelenkte Gesinnungswirtschaft*, dann werden wir das Gegenteil dessen erreichen, was die oft sympathischen und beredten Propagandisten einer ökologisch-sozialen Disruption als erstrebenswerte Utopie malen.

Was uns zu denken geben sollte, sind die vielen kleinen, nachdenklich stimmenden Warnungen, die uns kundige Menschen mitgeben. Wie die von Nicola Leibinger-Kammüller 2015 anlässlich der Entgegennahme des Ludwig-Erhard-Preises.[118] Sie kritisierte in ihrer Rede einerseits die »Regulierungslust« hierzulande. Und andererseits das Unterschätzen des wirtschaftlichen Wettbewerbs und des Tempos, in dem er vonstattengeht. Oder die beinahe nebenher geäußerte

Mahnung von einem klugen Marktbeobachter wie dem Investmentexperten Götz Albert. Der promovierte Volkswirt forschte nach seiner Promotion jahrelang über »untergehende Industrien«. Heute ist Albert Teil der Geschäftsführung einer renommierten deutschen Fondsgesellschaft und einer der besten Kenner kleiner und mittelständischer Unternehmen in Deutschland und Europa.

In einem langen Zeitungsinterview sagte er: »Unsere Wirtschaft befindet sich zweifelsohne in einem gewaltigen Transformationsprozess, für den viel Kapital benötigt wird, um neue Ideen und Innovationen nach vorne zu bringen, ohne die die Probleme nicht gelöst werden können.«[119] Skeptisch ist er allerdings, was den eingeschlagenen Weg anbelangt, dessen planwirtschaftliche Ausgestaltung ihn offensichtlich tief beunruhigt: »Die Lenkung des Kapitals soll allerdings durch staatliche Vorgaben erfolgen, konkret durch die sogenannte Taxonomie der EU, die ein verbindliches ESG-Raster vorgibt. Staatliche Kapitallenkung hat jedoch noch nie funktioniert. Und ein Beispiel macht das deutlich: BioNTech wäre wahrscheinlich durch einige ESG-Raster gefallen, schon allein weil es Gentechnik einsetzt. Und vielleicht gibt es künftig ähnliche Innovationen, die dann aber kein Kapital mehr erhalten, weil sie durch das staatlich vorgegebene ESG-Raster fallen. Da bekomme ich wirklich Angst.«

Ich muss gestehen: Wenn jemand wie Götz Albert offen ausspricht, dass ihn der eingeschlagene Weg ängstigt – dann werde auch ich unruhig. Obwohl ich mich als durch und durch zukunftsoptimistischen Menschen bezeichnen würde.

Die oftmals reichlich wolkig formulierten Forderungen von Klima- und Umweltaktivisten sind meines Erachtens wenig hilfreich. Im Gegenteil: Hört man genau hin, sind sie nicht selten verwoben mit der Forderung nach Abschaffung unseres Wirtschafts- und Gesellschaftssystems. Es scheint nur zu oft der wiederkehrende linke Traum vom »neuen Menschen« durch, den man durch eine Mischung von Überzeugungsarbeit, Appellen und Zwang meint schaffen zu können. Als ehemaliges Mitglied der Jusos habe ich diesen Sound noch gut im Ohr.[120]

Maja Göpel jedenfalls ruft das »Ende des Homo oeconomicus« aus und erklärt mit leichter Hand: »Die alte Erzählung von Fortschritt und Entwicklung ist überholt. Wir brauchen eine neue Ökonomie für das 21. Jahrhundert«.[121] Und natürlich eine »neue Utopie« und neue »Entwicklungsnarrative«, denn: Der Mensch sei Opfer, weil er »in der Homo-oeconomicus-Kultur« einseitig zum Egoismus »trainiert« werde. Wer hinter diesem böswilligen Plan stecken könnte, und zwar weltweit, bleibt unklar. Der soziale Zusammenhalt leide in erster Linie unter dem Konkurrenzdruck und unersättlichen »Erfolgsdefinitionen«. Gefragt seien »systemische Innovationen«, die soziale, ökologische, kulturelle, ökonomische, technische und politische Entwicklungen »in ihrer Interaktion« zusammendenken. So werde der Mensch zu einem »Homo vitalis«. Ökonomische, politische und technologische Lösungen müssten also mit menschlichen Bedürfnissen und Naturgesetzen »gekoppelt« werden, BIP und Rendite, *Return on Investment* und Produktivität? Bestenfalls zu vernachlässigen.

»FEHLERHAFTER MARKT« VERSUS »MAKELLOSE POLITIK«

Es gibt viele Einwürfe, Entwürfe und Visionen dieser Art. Dabei ist nicht alles ganz falsch. Dass das Bruttosozialprodukt (BIP) als Kennzahl nichts darüber aussagt, *warum* investiert wurde (zum Beispiel weil es eine Überschwemmung gegeben hat), ist Volkswirten ebenso bekannt wie Klimaforschern. Aber es ist wissenschaftlich *und* politisch unredlich, den Homo oeconomicus, gedacht als theoretisches Modell in der ökonomischen Theorie, als Popanz vorzuführen, der das

Verhalten realer Menschen in ihrer Komplexität beschreiben und erklären könnte. Bezeichnenderweise hat ein junger Doktorand am King's College in London in einem kurzen Zeitungsartikel dem aktivistischen Ökonomieverständnis einer Maja Göpel den Spiegel vorgehalten.[122] Und nebenbei noch aufgedeckt, was am *Menschenbild* dieser krypto-sozialistischen Klimaaktivisten nicht stimmt. Justus Enninga, so heißt er, erklärt in wenigen Zeilen, dass die Lösung eben nicht ein starker Zentralstaat sein könne, der Individuen in die Schranken weist und ihr Leben in die richtigen Bahnen lenkt. Die »grüne politische Ökonomie«, so Enninga, messe mit zweierlei Maß. »Denn die Politik, die den imperfekten Menschen regulieren soll, wird schließlich auch von imperfekten Menschen gemacht.«

In der Vorstellung der Umweltaktivisten und Verzichtsromantiker sei es aber so: Kaum besteigt der irregeleitete Mensch den Thron des Politischen, »wandelt sich der egozentrische Homo oeconomicus zu einem wohlmeinenden und umfassend informierten Homo oecologicus. Die Umwelt, eben noch Opfer zerstörerischer Anreize im Markt, wird nun vom Menschen in der Politik gerettet. Wer sich jedoch solchen Doppelstandards hingibt, ist naiv. Denn nicht nur der Markt, sondern auch die Politik setzt Anreize – und nicht immer zum Guten.« Und weiter: »In einer perfekten ökologischen Welt würden Menschen in der Politik immer für das ökologische Gemeinwohl einstehen. Doch genauso würden Menschen auf dem Markt immer für das ökologische Gemeinwohl einstehen, wenn die Welt perfekt wäre. In einer imperfekten Welt hingegen wird Vertrauen in die Gemeinwohlkapazität des Staates häufig enttäuscht. (Negative) Anreize sind in der Politik genauso real wie auf dem Markt.«

Sein Fazit: »Eine ehrliche grüne politische Ökonomie sollte daher nicht die makellose Politik mit dem fehlerhaften Markt vergleichen, sondern den imperfekten Markt mit der imperfekten Politik.« Letztlich ist Göpels »Zukunftsentwurf« eine Ansammlung von »Buzzwords«, die gut klingen – und auf unfaire Weise einer Realwirtschaft gegenübergestellt werden, die mit negativen Vokabeln gebrandmarkt wird. Es ist sozusagen klassisches »Framing«, das die Welt in Gut und Böse, hell und dunkel aufteilt. Überdeckt wird damit mangelnde Gedankenschärfe, die unklare Verwendung von Begriffen – und eine immer wieder durchscheinende Ablehnung unseres Wirtschafts- und Gesellschaftssystems. Denn »FuturZwei«, diese Transformationsorganisation samt publizistischer Plattform, auf der Göpel ihre Utopie vorgestellt hat, definiert sich selbst als Stimme »für Postwachstum, *Transition Towns*, Divestment, Gemeinwohl-Ökonomie«, die »weiter auf Widerstand, Gemeinschaftlichkeit und Selbstermächtigung« setzt und sich politisch für die »sozial-ökologische Transformation« starkmacht.[123] Was sich nicht nur in Verzichtsromantik erschöpft.

Es gibt mittlerweile ein ganzes Biotop von Initiativen dieser Art, die die Welt verändern wollen und sich und uns dabei einreden, dass man komplexe Gesellschaften, ganz zu schweigen von Milliarden von Menschen samt ihren Kulturen und Religionen, durch Aktionstage, aktivistischen Journalismus, Enteignungen und Verzicht »transformieren« könne. Sie wollen vorschreiben, was »erlaubter« Forscherdrang, was »gute« Innovationen, was ein »politisch korrekter« Lebensentwurf ist – und was nicht.

Wenn sie sich da mal nicht täuschen.

Dabei ist seit Jahren, wenn nicht Jahrzehnten klar, was der einzig gangbare Weg ist, und zwar überall auf der Welt: Innovationen, Technikoffenheit, qualitatives Wachstum, Schumpeter'sche Zerstörung umweltbelastender Produktionsweisen und mutige Investitionen in zukunftsweisende Geschäftsmodelle und -ideen, die Rendite versprechen – und zugleich unseren Wohlstand bewahren können. In einem Zeitungsessay haben meine beiden Parteifreunde Lukas Köhler und Marie-Agnes Strack-Zimmermann 2019 auf den Punkt gebracht, warum sich effiziente Klimapolitik und Wirtschaftswachstum nicht ausschließen.[124] Sie schreiben: »Um beides zu erreichen, brauchen wir einen freien Wettbewerb der besten Ideen – und kein Diktat der Politik.« Denn Technik und Umwelt sind keine Gegensätze, sondern zwei Seiten derselben Medaille. Zu Recht warnen sie davor, einen »Zielkonflikt« zwischen Wachstum und Klimaschutz zu konstruieren. Auf dieser politischen Grundlage arbeiteten sich dann linke Öko-Aktivisten an allem ab, »was nicht der eigenen Vorstellung von einem guten und moralisch einwandfreien Leben« entspreche. Besser kann man die in Teilen unehrliche und fehlgeleitete Diskussion nicht zusammenfassen.

Was wir brauchen, ist Öko-Optimismus statt Alarmismus, Unternehmertum statt Verbotspolitik, Innovationen statt Verzicht. Und wer weiß, vielleicht hat »der Staat« etwas sehr Kluges getan, als die Bundesregierung im Herbst 2019 die »Bundesagentur für Sprunginnovationen« gegründet hat.[125] Das Buch von Gründungsdirektor Rafael Laguna de la Vera und dem Wirtschafts- und Wissenschaftsjournalisten Thomas Ramge über diese ungewöhnliche Bundesagentur ist jedenfalls lesenswert.

Im Übrigen ist diese Diskussion alles andere als neu. Sie tritt nur leider auf der Stelle. Ermutigenderweise lässt die neue Ampelkoalition die Chance und den Willen erkennen, endlich einen Schritt weiter zu kommen. Beruhigend ist, dass die FDP als marktwirtschaftliche und freiheitliche Partei das Korrektiv sein wird, damit Deutschland nicht immer weiter in eine unternehmerfeindliche Verzichtskultur abrutscht. Genau davor warnen zwar seit Jahren die vielen *Hidden Champions* dieses Landes, über die in diesem Buch immer wieder berichtet wird, aber sie sind leider nicht laut genug. Obendrein wurden sie von Merkels CDU und weiten Teilen der SPD einfach nicht gehört. Auch deshalb schreibe ich dieses Buch. Denn auch das muss anders werden.

Wer den richtigen Weg schon vor Jahren skizziert und propagiert hat, ist Ralf Fücks. Wir müssen der Natur die Fähigkeit zur Verschwendung abschauen, statt sie auszubeuten, ist sein Credo. In seinem 2013 erschienenen Buch *Intelligent wachsen. Die grüne Revolution* hat er den Kapitalismus »als lernendes System« gelobt und gleichzeitig einen neuen »Ökokapitalismus« gefordert. Und schon vor knapp zehn Jahren völlig zu Recht gegen die neue »Büßerbewegung« gewettert, die sich in Technikfeindlichkeit und Verzichtsromantik übt. Interessanterweise war sein Buch, waren seine Ideen schon damals der *frontale Gegenentwurf* zu den Verfechtern einer Postwachstumsgesellschaft, zu deren Köpfen Harald Welzer gehört, der Gründer und Direktor von »FuturZwei«. Schon damals standen sich die beiden Denkschulen Verzicht und Technologieskepsis einerseits und Innovationsoptimismus und Unternehmertum andererseits gegenüber.

In den Worten von Ralf Fücks: »Hierzulande übertreffen sich die Oberhäupter des Feuilletons in der Warnung vor ›Technologiegläubigkeit‹. Der Kulturwissenschaftler Harald Welzer führt diese Haltung in klassischer Schlichtheit vor: ›Das Problem der Klimaerwärmung ist durch bedenkenlosen Einsatz von Technik entstanden, weshalb jeder Versuch, es durch weiteren, nun aber *besseren* Technikeinsatz zu beheben, Teil des Problems und nicht der Lösung ist.‹ Nach gleichem Strickmuster könnte man behaupten, die Demokratie habe uns in die Misere geführt, deshalb sei sie untauglich zu ihrer Überwindung. Die deutsche Haltung zu Wissenschaft und Technik grenzt an Schizophrenie.«[126]

Ralf Fücks war lange Jahre der intellektuelle Kopf der Heinrich-Böll-Stiftung und ist seit 2017 Chef seines eigenen kleinen Thinktanks mit dem überraschenden Namen »Zentrum Liberale Moderne«.[127] Er tritt noch immer für eine innovationsfreundliche »ökologische Moderne« und eine ökologische Ordnungspolitik ein.

Und für einen liberalen Staat, zu dem natürlich ein freies Unternehmertum gehört.

Entscheidend ist, dass wir, dass Deutschland die ökologische Transformation nur bewältigen kann, wenn wir das Parallelogramm *Bildung/Qualifizierung/Forschung/Entwicklung* beherrschen und dabei einen Innovations- und Kompetenzvorsprung bewahren können. Nur dann wird eine neue Exportindustrie »Made in Germany« entstehen. Nur dann werden wir unseren Wohlstand sichern können. Und nur so können wir dem alten neuen Slogan »Mehr Fortschritt wagen« Leben einhauchen. Ich schreibe das durchaus selbstkritisch an die Adresse von uns Politikern, die zu oft Politik nur mehr für das Schaufenster auf den »Social Media« zu halten scheinen. Und darüber vergessen, dass es da draußen Wettbewerb gibt: um Ideen, Marktanteile und Talente. Wie am Anfang dieses Buches gesagt: Die 20er-Jahre des 21. Jahrhunderts warten auf uns. Wir sollten uns nicht verspäten.

BILDUNG, UNTERNEHMERTUM UND EIN FREUNDLICHES MENSCHENBILD – MIT EINEM GRUSS VON LUDWIG ERHARD

Am 17. Januar 2022 war es wieder so weit: Eine der bekannten Nichtregierungsorganisationen fand mal wieder einen Anlass, um »Reichtum« und Unternehmertum anzuprangern. Und sie fand auch sofort journalistische Abnehmer für diese Art Empörung, die sich an der dargebotenen kruden Kausalität der NGO nicht weiter störten. Anlässlich der virtuellen »Davos Agenda« des Weltwirtschaftsforums 2022 veröffentlichte die internationale Hilfsorganisation Oxfam den Bericht »Inequality kills« (Ungleichheit tötet).[128] Für Kapitalismusgegner wie die Oxfam-Aktivisten war die Ursache für die vielen Toten auch schnell gefunden: die »Profitlogik unserer Wirtschaft«. Ihre Schlussfolgerung, um das Töten beenden zu können, lautet: Umverteilung und Enteignung. Mit einer saftigen Besteuerung der Reichen sollen vor allem Sozialdienste (und wahrscheinlich Hilfsorganisationen wie Oxfam) ausgebaut werden. Der Gedanke dahinter: Wenn man den einen etwas wegnimmt, kann man den anderen mehr geben. Doch Wirtschaft ist kein Nullsummenspiel, bei dem der eine Mensch nur dann mehr von etwas bekommen kann, wenn er es einem anderen wegnimmt. Es ist dieser Kinderglaube, der immer wieder stillschweigend vielen Debatten zugrunde gelegt, und der auch in unseren Medien leider immer wieder propagiert wird. Man könnte es auch mit dem 16. amerikanischen Präsidenten Abraham Lincoln so formulieren: »Man kann den Armen nicht helfen, indem man die Reichen vernichtet«.

Dabei ist es ganz einfach: Wachstum – vor allem qualitatives und nachhaltiges wirtschaftliches Wachstum – *vergrößert* den Kuchen. Es gibt *mehr* zu verteilen. Mehr Jobs. Mehr Wohlstand. Sobald wir nicht mehr innovativ sind und nicht mehr wachsen wollen, fangen wir in Wahrheit an zu schrumpfen – und ärmer zu werden. Wenn nichts Neues nachwächst, schrumpft der Kuchen. Denn auch in der Wirtschaft gibt es ein ewiges Blühen und Verwelken, Sterben und Entstehen. Das ist das Faszinierende an ihr: Sie funktioniert wie das Leben, denn sie ist ein großer *Teil des Lebens*.

Ununterbrochen erfinden sich Unternehmen neu. Ununterbrochen gehen Unternehmen zugrunde, aus vielerlei Gründen. Ganze Branchen sterben, weil ihre Produkte veraltet sind oder schlicht nicht mehr gebraucht werden. Es macht keinen Sinn, Heizer auf Dieselloks weiter zu beschäftigen mit dem Argument der »sozialen Gerechtigkeit«. Auch Telefonvermittlungen gibt es schon lange nicht mehr. Selbst Mobiltelefone, die keine Smartphones sind, haben ausgedient, seitdem der geniale Unternehmer Steve Jobs vor gar nicht so langer Zeit, nämlich 2007, eine richtig gute Idee hatte – und die Telekom-Konzerne genügend Bandbreite zur Verfügung stellen konnten.

Weshalb heute schon die halbe Menschheit das Internet in der Hosentasche mit sich führt und den früheren Weltmarktführer Nokia kaum noch einer kennt.

Aktivisten wie Göpel und ihr blühendes Biotop der klimaaktivistischen Initiativen und NGOs ignorieren nicht nur diese volkswirtschaftlichen Grundkenntnisse. Sie ignorieren darüber hinaus auch anthropologische und soziologische Erkenntnisse darüber, *was Menschen antreibt – und Gesellschaften zusammenhält.* Sie tun so, als würden alle Staaten, Kulturen, Religionen und Völker auf dieser Erde so »funktionieren«, wie sie es – unhinterfragt – unterstellen.

Aber es gibt sie, die anthropologischen Konstanten. Kognitionswissenschaftler wissen das ebenso wie Verhaltenspsychologen, Kulturhistoriker – oder Volkswirte.

Der heutige Mensch als zur Reflexion und Erinnerung begabtes Säugetier unterscheidet sich nicht grundlegend von seinen Vorfahren, die vor 10 000 Jahren lebten. Was uns von den stein- oder bronzezeitlichen Menschen unterscheidet, ist lediglich der »Prozess der Zivilisation«, dem der Jahrhundertsoziologe Norbert Elias auf der Spur war. Diese anthropologische Konstante wurde und wird erforscht und mannigfaltig beschrieben. Von Immanuel Kant (»Was ist der Mensch?«) über Helmuth Plessner (Conditio humana) bis Christoph Wulf[129]. Faszinierend ist die Arbeit von Wissenschaftlern wie Ina Wunn, die sowohl in *Religionswissenschaften* als auch in *Biologie* promoviert wurde und als Mitbegründerin eines interdisziplinären Forschungszweiges gilt, der Naturwissenschaften und Geisteswissenschaften verknüpft und den biologischen Ursprung sowie der Evolution von Religionen und Kulturen erforscht.[130] Hört man von ihr einen Vortrag zum Zusammenhang von Religionen und der Entwicklung von Gesellschaften oder liest eines ihrer Bücher, lernt man viel. Und man kommt ins Nachdenken. Über den Menschen, seine Unvollkommenheit und über seine Widersprüche.

Und über das, was in dieser kolossalen Unübersichtlichkeit namens Weltwirtschaft täglich passiert.

Soll heißen: Unternehmer hören auf, welche zu sein, und werden nicht mehr innovativ, fleißig und sozial sein, wenn sie zwar die unternehmerischen Risiken tragen sollen, aber die Gewinne, die sie im Erfolgsfalle einfahren, abzugeben haben. Und sie werden nicht mehr innovativ, fleißig und sozial sein, wenn sie ununterbrochen gegängelt und verdächtigt werden: von den Vertretern eines Staates, der alles besser zu wissen meint und ihnen grundsätzlich misstraut.

Ohne Unternehmer werden wir die Zukunft nicht gewinnen. Ohne eine innovative Wettbewerbswirtschaft, die eingebettet ist in einen stabilen Sozialstaat, werden wir unseren Wohlstand verspielen. Dazu auch gleich die Zukunft unserer Kinder und Enkel, Nichten und Neffen. Das Gefährliche daran ist, dass dies schleichend passiert. Unsere bewährte soziale Marktwirtschaft ist ein kluger, zeitgemäßer und sehr beweglicher Rahmen, der aufs Ausbalancieren angelegt ist. Sorgen wir dafür, dass er nicht aus seiner Aufhängung springt und kaputtgeht.

Auf dem ersten Höhepunkt der Corona-Pandemie im Jahr 2020 stellten die Ludwig-Erhard-Stiftung und der Econ-Verlag eine Neuausgabe von Ludwig Erhards legendärem Klassiker *Wohlstand für Alle* vor. Es lohnt sich, mal wieder darin zu blättern. Um zu verstehen, woher wir kommen und wie nah und gleichzeitig fern uns das Jahr 1957 ist. Es lohnt sich aber auch, das Vorwort von Lars P. Feld, zu dieser Zeit noch Vorsitzender des Sachverständigenrates zur Begutachtung der gesamtwirtschaftlichen Lage, zu lesen. Der Titel seines Vorworts zur Neuauflage: »Wohlstand für Alle – was dieses Versprechen heute bedeutet«. Unternehmertum und Wettbewerbswirtschaft sind die beiden Pfeiler der sozialen Marktwirtschaft. Nicht die – ebenfalls wichtigen – sozialen Sicherungssysteme, sondern ein freier Markt, auf dem faire Wettbewerbsbedingungen herrschen und die

Preise nicht manipuliert sind, legt das stabile Fundament für den sozialen Ausgleich. »Weil die Wettbewerbswirtschaft private Machtkonzentration zu verhindern vermag, schafft sie die Voraussetzungen für eine bessere Chancenverteilung in der Gesellschaft.«[131]

Wirtschaft und Gesellschaft des 21. Jahrhunderts sind natürlich mit denen vergangener Jahrzehnte und Jahrhunderte nicht zu vergleichen. Jede Zeit hat ihre eigenen, spezifischen Herausforderungen. Aber eines ist auch klar: Ohne moderne Industrien, ohne ein breit gefächertes verarbeitendes Gewerbe, ohne innovative, technikgetriebene mittelständische Unternehmen wird Deutschland nicht weiter auf dem Niveau existieren können, an das gerade die »Fridays-for-Future-Generation« mit ihren neuesten iPhones und vielen anderen Annehmlichkeiten (wie einem funktionierenden Gesundheitssystem auf höchstem Niveau) so gewöhnt ist. »Wir können nicht davon leben, uns gegenseitig die Haare zu schneiden.« Mit dieser apodiktischen Feststellung wollte der damalige Bundeskanzler Gerhard Schröder bei einem Besuch im Bochumer Opel-Werk im Bundestagswahlkampf 2002 daran »erinnern«, dass die Industrieproduktion Basis allen deutschen Wohlstandes sei und Dienstleister wie Friseure nur einen Reichtum umverteilten, der anderswo erzeugt werde. Wie wahr. Schröder sagte das bewusst um die Jahrtausendwende, als alle von der neuen Dienstleistungsökonomie schwärmten, die die Industriegesellschaft angeblich ablösen würde. In dieser Hinsicht behielt er unbedingt recht. Und es dürfte auch nicht in Zukunft dazu kommen. In Schröders lapidarem Satz stecken gleich mehrere fundamentale Wahrheiten: Die allermeisten Dienstleistungen sind direkt von Industrieauftraggebern abhängig. Kein Mensch braucht Grafikdesigner, wenn es nichts Nennenswertes zu designen gibt. Außerdem haben die Fans der Dienstleistungsökonomie den *Faktor Produktivität* vergessen (etwas, das auch viele Öko-Aktivisten offenbar nicht verstehen): Ein gut bezahlter Facharbeiter in der mittelständischen Industrie – oder auch ganz plakativ: bei Porsche – erwirtschaftet ein Vielfaches dessen, was er kostet. Er zahlt dazu hohe Steuern und Krankenkassenbeiträge. Einfache Dienstleistungsunternehmen erwirtschaften das nicht, auch wenn deren Beschäftigte ebenfalls arbeiten und Steuern zahlen.

Das war ja eines der Gerechtigkeitsdesaster, die die DDR hinterlassen hat: Vollbeschäftigung, fleißige Arbeiter und Angestellte – und dennoch war der Staat pleite, die Infrastruktur heruntergerockt, es gab keinerlei Rücklagen, und es wurde viel zu wenig produziert, das *irgendwo* auf der Welt zu einem Preis zu verkaufen gewesen wäre, der höher war, als die Herstellung des Produktes gekostet hat. Marxisten alter Schule kennen den Fachausdruck: Es fehlte an Mehrwert. Volkswirtschaftlich betrachtet war die DDR ein Zuschussgeschäft. Noch einmal: Unsere aufwendigen und teuren sozialen Sicherungssysteme werden nicht finanzierbar bleiben, wenn wir technologisch und industriell nicht weiterhin vorne mitspielen. Und das Klima retten wir auch nicht, indem wir ärmer, ungebildeter und anspruchsloser werden.

Das andere, dem Deutschland sich widmen muss, um nicht schleichend in die sozialistische Falle zu tappen, ist, wieder bewusster und konsequenter auf Bildung zu setzen. In jeder Form. Es muss einen Bildungsaufbruch geben. Das ist das zweite große Thema, das mich umtreibt neben dem Thema Unternehmerkultur. Auch deshalb dieser politische Essay in Buchform.

Es geht nicht nur um Schulen und das föderale Lehrpläne-Chaos. Wir müssen endlich lernen, Bildung übergreifender, interdisziplinärer, kooperativer zu denken. Und sie für viele erst zu ermöglichen. Nicht nur, aber auch *in Verbindung* mit der Welt des Unternehmertums, jener Welt, die unsere kreativen Potenziale zum Erblühen bringt und den Wohlstand ermöglicht, der unser Haus, die soziale Marktwirtschaft, trägt und es uns erlaubt, das Haus kontinuierlich zu erneuern, umzudekorieren oder zu renovieren – und zum Beispiel am Ende klimaneutral umzubauen.

»Lebenslanges Lernen ist keine Drohung im Sinne von ›Lernen lebenslänglich‹, sondern die Pflege der frühkindlichen Lust.« Der seinerzeitige Gründungspräsident der Zeppelin Universität in Friedrichshafen, Stephan A. Jansen, bringt es auf den Punkt.[132] Die Auswirkungen der Corona-Pandemie – beziehungsweise die ergriffenen Maßnahmen, sie gesundheitspolitisch unter Kontrolle zu bekommen – auf das Bildungssystem haben deutlich gemacht, wie fragil unser Bildungssystem ist. Und als wie fragil sich unser Gesellschafts- und Wirtschaftssystem insgesamt erweist.

Was nicht nur mich nachdenklich stimmt, ist, wie viele Ressourcen in wenigen Wochen für gesundheitspolitische Krisenbewältigung mobilisiert werden können, während in vielen Schulen der Putz abbröckelt und die Bildungsziele vielerorts immer anspruchsloser werden. Doch Bildungsversagen wird uns am Ende teurer zu stehen kommen als die Folgen der Corona-Pandemie. Warum also gibt es Konferenzen der Ministerpräsidenten bei einer Pandemie, aber nicht bei anderen drängenden Themen, zum Beispiel zum Thema Bildung und Ausbildung? Dabei ist doch die Schul- und Hochschulbildung eine der heiligen Kühe des Föderalismus. Und warum werden wegweisende Erfolge in der Weiterbildung, die innerbetrieblich in Unternehmen weiträumig betrieben wird, nicht systematisch ausgewertet und dann flächendeckend in den öffentlichen Bildungseinrichtungen implementiert? An dieser Stelle ist Deutschland zu unbeweglich und zu kleinteilig organisiert. Dabei gibt es viele leuchtende Vorbilder.

Menschen, die etwas verändern wollen, die *etwas unternehmen*, haben mich immer fasziniert. Das Gleiche gilt für Menschen, die unser Land, unsere *res publica*, vorangebracht haben. Meistens auf einem Lebensweg, der nicht geradlinig und absehbar war. Menschen wie

Berthold Leibinger oder Dietmar Hopp. Wie Carl Miele und Reinhard Zinkann. Wie Ernst Karl Abbe, der als Gründer des bis heute erfolgreichen Unternehmens Carl Zeiss zugleich *Industrieller und Sozialreformer* war. Wie Bertha Benz, die es als erster Mensch überhaupt wagte, eine echte Fahrt mit dieser disruptiven Erfindung ihres Mannes namens Automobil zu unternehmen – und hinterher für eine Reihe technischer Überarbeitungen sorgte. Menschen wie Käthe Ahlmann, die Stahl-Unternehmerin in Schleswig-Holstein war und den Verband deutscher Unternehmerinnen mitbegründete. Wie Walter Scheel, der der FDP eine wichtige Tür öffnete und mit Willy Brandt zusammen ein politisch notwendiges Wagnis einging.

Oder auch Menschen wie Ralf Dahrendorf. Der ein echter Liberaler war, aufgeschlossen und der Welt zugewandt, die Welt aber auch besser verstehen und dann verändern und verbessern wollte. Über die Parallelen der Lage im Jahr 1969 und unserer Tage habe ich ja schon einiges gesagt. Es war jedenfalls keineswegs selbstverständlich, dass ein Bildungsbürger und angehender Professor für Soziologie sich Themen wie der ungelernten Industriearbeiterschaft zuwandte[133] und es auch nicht bei akademischen Einlassungen beließ. Kein Wunder, dass Ralf Dahrendorf als Doktorand das marxistisch orientierte *Institut für Sozialforschung* in Frankfurt schnell wieder verließ.[134] Und lieber in die Politik ging. Zumindest zeitweilig.

Es muss eben nicht immer »Politik als Beruf« sein. Politisch wirken kann – und sollte man – trotzdem.

ANMERKUNGEN

1 Heribert Prantl, »Steinmeiers Wunderwaffe«, in: *Süddeutsche Zeitung*, 17. Mai 2010, siehe online: https://www.sueddeutsche.de/politik/deutschland-plan-der-spd-steinmeiers-wunderwaffe-1.161486

2 Vgl. Ludwig Weller, »SPD-Kanzlerkandidat Steinmeiers Plan für die deutsche Wirtschaft«, in: *Internationales Komitee der Vierten Internationale*, World Socialist Web Site, https://www.wsws.org/de/articles/2009/08/stei-a11.html, Artikel vom 11.8.2009.

3 Vgl. dazu Konrad Paul Liessmann, *Theorie der Unbildung. Die Irrtümer der Wissensgesellschaft*, Taschenbuchausgabe, München 2008, S. 54.

4 Vor allem vor dem Hintergrund, dass der Wanderungssaldo für Deutschland negativ ist: Es wandern schon lange mehr kompetente Menschen aus als ein.

5 Rede auf dem FDP-Parteitag, hier zitiert nach Hildegard Hamm-Brücher, »Liberale Symbolfiguren: Heuss und Scheel«, in: *Verantwortung für die Freiheit. 40 Jahre F.D.P.*, hrsg. von Wolfgang Mischnick, Stuttgart 1989, S. 431.

6 1964 brachte Georg Picht den Begriff mit einer in der Zeitschrift *Christ und Welt* publizierten Artikelserie in die Diskussion (Wikipedia).

7 Ralf Dahrendorf, Über Grenzen. Lebenserinnerungen, München 2002 (z.B. S. 117).

8 Rede zur 500-Jahr-Feier der Universität Tübingen am 8. Oktober 1977, zitiert nach: H. Hamm-Brücher, »Liberale Symbolfiguren: Heuss und Scheel«, in: *Verantwortung für die Freiheit. 40 Jahre F.D.P.*, S. 437.

9 Regierungserklärung von Bundeskanzler Willy Brandt vor dem Deutschen Bundestag in Bonn am 28. Oktober 1969.

10 Vgl. https://app.handelsblatt.com/karriere/karriere-bis-zu-111-000-euro-im-jahr-welche-jobs-bis-2030-nicht-nur-stark-gefragt-sind-sondern-auch-top-bezahlt/27935292.html

11 https://www.rnd.de/wirtschaft/steuereinnahmen-durch-biontech-wie-mainz-und-idar-oberstein-vom-impfstoffhersteller-proftieren-SNYMNK4WGSQL5ASSZLK3UJR3YQ.html

12 Vgl. Presseberichte wie: https://www.zeit.de/politik/deutschland/2019-05/kevin-kuehnert-spd-jugendorganisation-sozialismus?utm_referrer=https%3A%2F%2Fwww.google.com%2F

13 Siehe beispielsweise: https://www.augsburger-allgemeine.de/politik/Interview-BMW-verstaatlichen-Absolut-realitaetsfern-id54207661.html

14 Beim Regierungswechsel 2021 fühlte sich das zwar ähnlich an, stimmt aber ebenso wenig wie 1969: Beide Male schlüpfte die SPD aus der Rolle des Juniorpartners der jeweils abgewählten Regierung in die Rolle der Kanzlerpartei.

15 Gerhard Schröder, *Entscheidungen. Mein Leben in der Politik*, Hamburg 2006, S. 83.

16 Siehe Schröder, *Entscheidungen*, S. 515.

17 Gregor Schöllgen, *Gerhard Schröder. Die Biographie*, München 2015, S. 613.

18 Brief von Gerhard Schröder an Hans-Jürgen Wischnewski im Oktober 2003, zitiert nach: Schöllgen, *Gerhard Schröder*, S. 680.

19 Harald Christ, *Deutschlands ungenutzte Ressourcen. Aufstieg, Bildung und Chancen für alle*, München 2011, Kap. 11.

20 Deutscher Bundestag, Stenografischer Bericht: 4. Sitzung. Plenarprotokoll 16/4, 30. November 2005, S. 78.

21 https://www.bundesregierung.de/breg-de/service/bulletin/rede-von-bundeskanzlerin-dr-angela-merkel-795504

22 https://de.wikipedia.org/wiki/Sayed_Ahmad_Shah_Sadaat. Diese Geschichte hat es bis nach Indien geschafft, siehe: https://www.indiatoday.in/world/story/afghan-minister-syed-ahmad-shah-saadat-delivers-pizza-germany-report-1845111-2021-08-25

23 Auch ich habe das schon als Schatten-Wirtschaftsminister im Bundestagswahlkampf 2009 gesagt – und 2011 in meinem Buch *Deutschlands ungenutzte Ressourcen* ausgeführt.

24 Siehe: »Wir müssen mehr Leute aus dem Ausland holen«, Interview mit Monika Schnitzer in: *Der Spiegel*, 10. Dezember 2021. https://www.spiegel.de/wirtschaft/wirtschaftsweise-monika-schnitzer-ueber-die-ampel-plaene-muessen-mehr-leute-aus-dem-ausland-holen-a-6aa018a3-4cf7-40dc-886f-014d260478b0

25 https://www.topuniversities.com/university-rankings/world-university-rankings/2021

26 Die Zahlen wurden dem Buch von Boris Palmer, *Wir können nicht allen helfen. Ein Grüner über Integration und die Grenzen der Belastbarkeit*, München 2017, entnommen. Siehe S. 37.

27 Daniel Thym, »Pushbacks in der Ägäis«, in: *FAZ*, 7.4.2021, https://www.faz.net/aktuell/politik/staat-und-recht/pushbacks-in-der-aegaeis-17282003-p3.html. Thym ist auch Kodirektor des Forschungszentrums Ausländer- & Asylrecht (FZAA) an der Universität Konstanz.

28 Martha Nussbaum, *Kosmopolitismus. Revision eines Ideals*, Darmstadt 2020.

29 Philip Plickert, »Ifo-Chef Sinn notfalls für nationale Grenzkontrollen«, in: *FAZ*, 1.3.2016: https://www.faz.net/aktuell/wirtschaft/wirtschaftspolitik/ifo-praesident-hans-werner-sinn-redet-ueber-fluechtlinge-14098916.html

30 Paul Collier, *Exodus. Warum wir Einwanderung neu regeln müssen*, München 2014. Auf Englisch ist das Buch ein Jahr früher erschienen und trägt den ebenfalls sprechenden Titel *Exodus. Immigration and Multiculturalism in the 21st Century*.

31 Palmer, *Wir können nicht allen helfen*, a.a.O. Ich empfehle zum Beispiel das Kapitel »Das Grundgesetz gilt weiter: Von Obergrenzen und Belastungsgrenzen«, S. 35–45.

32 https://www.germandream.de/ueber-uns/unsere-entstehung/. Lesenswert auch das Interview mit ihr: »Mein Deutschland war ein Land der Chancen«, in: *Die Welt*, 28.4.2020. Siehe: https://www.welt.de/kultur/plus207567297/Duezen-Tekkal-Mein-Deutschland-war-ein-Land-der-Chancen.html

33 Jens Spahn, »Ein neues Wir-Gefühl«, in: Edmund Stoiber/Bodo Hombach (Hg.), *Das Corona-Brennglas. Politik und Ökonomie nach der Krise*, Baden-Baden 2021, S. 107.

34 »Fünfter Bericht zur Lage der älteren Generation in der Bundesrepublik Deutschland. Potenziale des Alters in Wirtschaft und Gesellschaft. Der Beitrag älterer Menschen zum Zusammenhalt der Generationen«. Bericht der Sachverständigenkommission, August 2005, siehe: https://www.bmfsfj.de/resource/blob/79080/8a95842e52ba43556f9ebfa600f02483/fuenfter-altenbericht-data.pdf

35 Auch online nachzulesen: https://www.welt.de/wirtschaft/plus218591362/Frueh-in-Rente-Darum-giert-die-Generation-50-nach-dem-Ruhestand.html

36 Dorothea Siems: »Deutschlands Babyboomer planen mit der Frührente«, in: *Die Welt*, 24.2.2019. Der Artikel beruft sich ebenfalls auf eine Studie der Universität Wuppertal zu Arbeit, Alter, Gesundheit und Erwerbsteilhabe. https://www.welt.de/wirtschaft/article189285303/Babyboomer-Mehrheit-der-Arbeitnehmer-will-frueh-in-Rente.html

37 Siehe: https://www.deutsche-rentenversicherung.de/SharedDocs/Downloads/DE/Statistiken-und-Berichte/Rentenatlas/2021/rentenatlas_2021_rentenbeginn.html

38 Siehe die damaligen Forderungen zusammengefasst: https://www.fdp.de/fdp-fordert-flexible-rente-ab-60-jahren

39 Vgl. Koalitionsvertrag, S. 74: »Die Flexi-Rente wollen wir durch bessere Beratung in ihrer Bekanntheit verbreitern und die Regelung zum Hinzuverdienst bei vorzeitigem Rentenbezug entfristen. Gemeinsam mit den Sozialpartnern werden wir in einen gesellschaftlichen Dialogprozess darüber eintreten, wie Wünsche nach einem längeren Verbleib im Arbeitsleben einfacher verwirklicht werden können, und dabei insbesondere einen flexiblen Renteneintritt nach skandinavischem Vorbild und die Situation besonders belasteter Berufsgruppen in die Diskussion mit einbeziehen.«

40 Vgl. den Bericht der Deutschen Welle von Anfang des Jahres 2021: https://www.dw.com/de/mehr-zuwanderer-fallen-beim-deutschtest-durch/a-56114590

41 Eine interessante Schilderung des Alltags eines Bürgermeisters einer deutschen Kleinstadt bietet Dirk Neubauer in seinem Buch *Das Problem sind wir: Ein Bürgermeister in Sachsen kämpft für die Demokratie* aus dem Jahr 2019. Neubauer ist übrigens ebenfalls aus der SPD ausgetreten und jetzt parteilos. Er kritisiert den Umgang von Bund und Land mit den Menschen vor Ort.

42 *Spiegel Special* 5/2008, S. 146f., hier: S. 147.

43 Siehe Spiegel Online, 3. April 2006: https://www.spiegel.de/lebenundlernen/schule/dokumentation-ruetli-rektorin-verdammt-schulsystem-aus-dem-kaiserreich-a-409548.html. Die damalige Schulleiterin hat über die seinerzeitigen Probleme auch ein Buch geschrieben: Brigitte Pick, *Kopfschüsse. Wer PISA nicht versteht, muss RÜTLI rechnen*, Hamburg 2007.

44 Siehe: https://campusruetli.de/

45 Interview mit Heinz Buschkowski, Deutschlandfunk, 15. Dez. 2017, »Rütli-Schule: Zuckerbrot und Peitsche, das hat funktioniert«, siehe: https://www.deutschlandfunk.de/ruetli-schule-zuckerbrot-und-peitsche-das-hat-funktioniert-100.html

46 Angela Merkel (Hg.), *Dialog über Deutschlands Zukunft*, Hamburg 2012.

47 Siehe: https://de.wikipedia.org/wiki/Fridays_for_Future#Organisationsstruktur

48 Vgl. Harald Christ, *Deutschlands ungenutzte Ressourcen. Aufstieg, Bildung und Chancen für alle*, München 2011, S.67.

49 Siehe: Bundeszentrale für politische Bildung: https://www.bpb.de/politik/grundfragen/parteien-in-deutschland/gruene/42159/wahlergebnisse-und-waehlerschaft

50 Siehe: »Grüne und FDP sprechen die Reichen an«, in: *Wirtschaftswoche*, 12. Sept. 2013. https://www.wiwo.de/politik/deutschland/einkommensverteilung-gruene-und-fdp-sprechen-die-reichen-an/8777022.html

51 https://www.dbb.de/artikel/oeffentlicher-dienst-die-gruenen-liegen-vorn.html. Siehe auch: »Beamte wählen Grüne«: https://www.faz.net/aktuell/wirtschaft/bundestagswahl-warum-viele-beamte-die-gruenen-waehlen-17526003.html

52 Siehe das Interview mit ihm: https://www.welt.de/politik/deutschland/article214850920/Juli-Chef-Jens-Teutrine-Eine-Putzfrau-will-nicht-bemitleidet-werden.html

53 Julian Nida-Rümelin, *Philosophie einer humanen Bildung*, Hamburg 2013, S. 222. Nida-Rümelin war Kulturstaatsminister im ersten Kabinett Schröder.

54 Ebd., S. 243.

55 Siehe: https://www.kmk.org/fileadmin/Dateien/pdf/Statistik/Dokumentationen/GTS_2019_Bericht.pdf

56 https://www.schwarzbuch.de/aufgedeckt/steuergeldverschwendung-alle-faelle

57 https://de.wikipedia.org/wiki/TED_(Konferenz)

58 Vgl. dazu die Ausführungen von Prof. Dr. Johannes Hellermann, Professor für Öffentliches Recht, Finanz- und Steuerrecht an der Universität Bielefeld: https://verfassungsblog.de/eine-stille-foederalismusreform-iii-die-ausweitung-der-bundeskompetenzen-fuer-investitionshilfen/

59 Konrad Paul Liessmann, *Theorie der Unbildung. Die Irrtümer der Wissensgesellschaft*, Wien 2006.

60 Liessmann, *Theorie der Unbildung*, hier zitiert nach der Taschenbuchausgabe, München 2008, S. 129.

61 Statista: »Betreuungsrelation an deutschen Universitäten nach Bundesländern 2020«.

62 Thomas Sattelberger, *Ich halte nicht die Klappe. Mein Leben als Überzeugungstäter in der Chefetage*, Hamburg 2015.

63 Siehe: https://thomas-sattelberger.de/humane-marktwirtschaft

64 Thomas Sattelberger hat dem Wirtschaftsmagazin *Wirtschaftswoche* kurz vor dem Start der Ampelkoalition seine Vision von Wissenschaftspolitik, Technologietransfer und dem Aufbau innovativer unternehmerischer Ökosysteme erklärt: »Wir schaffen hier Sonderwirtschaftszonen wie um Oxford«, in: *Wirtschaftswoche* vom 27. Nov. 2021. Ich gestehe: Thomas Sattelberger spricht mir da aus dem Herzen. Siehe online: https://www.wiwo.de/technologie/forschung/wissenschaft-im-koalitionsvertrag-wir-schaffen-hier-sonderwirtschaftszonen-wie-um-oxford/27837728.html

65 Vgl. tagesschau.de vom 5.10.2021: https://www.tagesschau.de/wirtschaft/unternehmen/unternehmer-im-bundestag-101.html. Je nach Zählweise kommen manche Beobachter auch nur auf zehn oder elf Unternehmerinnen und Unternehmer.

66 Vgl. das Editorial von *Das Parlament*, Nr. 44–45 vom 1.11.2021, siehe online: https://www.das-parlament.de/2021/44_45/titelseite/867142-867142. – Auch interessant dazu ist der Artikel des Leiters des Meinungsressorts der *taz*, Stefan Reinecke: »Jünger, weiblicher, akademischer«, in: *taz* vom 26.10.2021, siehe: https://taz.de/Zusammensetzung-des-neuen-Bundestags/!5806460/

67 Vgl. Bundeszentrale für politische Bildung: https://www.bpb.de/nachschlagen/zahlen-und-fakten/bundestagswahlen/341095/gewaehlte-abgeordnete

68 Einige erste Schritte, mich diesem Thema zu nähern, habe ich bereits für das November-Heft 2021 des *Manager Magazins* unternommen: »Wie Manager für die Politik zu gewinnen sind«, siehe auch online: https://www.manager-magazin.de/politik/deutschland/harald-christ-wie-manager-fuer-die-politik-zu-gewinnen-sind-a-c666de91-6ef0-4cea-af87-a68dbf8c5fdf

69 Wer das seit Jahren immer mal wieder anprangert, ist der Journalist Hugo Müller-Vogg. Leider hat er in der Sache recht. Siehe beispielsweise: https://www.hugo-mueller-vogg.de/4035-0-20130716-Peutinger.html. Die Altersversorgung von Abgeordneten hat vor nicht allzu langer Zeit einmal die Zeitschrift *Focus* thematisiert, siehe: https://www.focus.de/finanzen/altersvorsorge/rente/altersvorsorge-brisanter-plan-spd-will-luxus-pensionen-fuer-abgeordnete-abschaffen_id_11639669.html

70 Wolfgang Kubicki im Interview mit dem Deutschlandfunk, 27.3.2021: »Kubicki (FDP) zu Nebentätigkeiten von Abgeordneten: ›Ich bin ein vehementer Anhänger der Transparenz‹«, siehe Ab-

schrift: https://www.deutschlandfunk.de/kubicki-fdp-zu-nebentaetigkeiten-von-abgeordneten-ich-bin-100.html

71 Etwas anderes ist es natürlich mit Abgeordneten, die erst dann ein angebliches Beratungsunternehmen gründen, wenn sie im Bundestag sitzen – um die Vorteile des Mandats zu versilbern. Allerdings betrifft die Versuchung dieser Art illegitimer Vorteilsnahme alle Abgeordneten und keineswegs nur Menschen, die von Hause aus Unternehmer sind.

72 https://www.iwkoeln.de/fileadmin/user_upload/Studien/IW-Trends/PDF/2020/IW-Trends_2020-04-07_Seyda_Placke.pdf

73 Siehe zum Beispiel: Rüdiger Jungbluth, *Die Quandts. Deutschlands erfolgreichste Unternehmerfamilie*, Frankfurt/M. 2015.

74 Anlässlich des 100-jährigen Unternehmensjubiläums im Jahr 2016 hat die BMW AG ihr gesellschaftliches Engagement ausgebaut. Seitdem bündeln die BMW Foundation Herbert Quandt und die Eberhard von Kuenheim Stiftung der BMW AG ihre Aktivitäten mit dem Ziel, global noch mehr Wirkung zu entfalten, siehe: https://bmw-foundation.org/de/. Herbert Quandt sicherte 1959 die Eigenständigkeit von BMW und legte damit den Grundstein für die erfolgreiche Entwicklung des Automobilkonzerns. In Würdigung seiner unternehmerischen Leistung gründete die BMW AG 1970 die BMW Stiftung Herbert Quandt.

75 Seit 2004 ist Susanne Klatten Ehrensenatorin der Technischen Universität München und seit 2005 Mitglied in deren Hochschulrat. Im Jahr 2009 stiftete sie dieser Universität rund zehn Millionen Euro zur Errichtung des Susanne-Klatten-Stiftungslehrstuhls für Empirische Bildungsforschung an der TUM School of Education. – »Erste deutsche Fakultät für Lehrerbildung und Bildungsforschung erfolgreich gestartet. TUM SCHOOL OF EDU-

CATION erhält Rekordsumme an privaten Mitteln«, Pressemitteilung der TU München vom 27.10.2009, siehe: https://portal.mytum.de/pressestelle/pressemitteilungen/news_article.2009-10-27.4146570904

76 Siehe: https://www.stiftung-charite.de/

77 Siehe: https://sonomotors.com/de/

78 Siehe: https://www.brandeins.de/magazine/brand-eins-wirtschaftsmagazin/2019/schoene-bescherung/ist-doch-nicht-moeglich

79 Siehe: https://www.aqtivator.de/

80 Siehe: https://www.welt.de/newsticker/dpa_nt/infoline_nt/boulevard_nt/article154756498/Milliardaerin-Klatten-will-100-Millionen-Euro-spenden.html

81 https://www.merkur.de/wirtschaft/susanne-klatten-hat-vor-15-jahren-an-tu-muenchen-eine-start-up-initiative-zr-9795683.html

82 Siehe: https://www.ralf-lottermann.de/meine-geschichte/

83 Wirklich lesenswert ist der Hintergrundartikel im *ManagerMagazin* 12/2021 von Sonja Banze: »Der Mäzen von Heilbronn: Lidl-Gründer Dieter Schwarz baut sich eine Stadt«. Siehe auch online: https://www.manager-magazin.de/unternehmen/handel/dieter-schwarz-der-maezen-von-heilbronn-baut-eine-modellstadt-a-26d6ed44-0002-0001-0000-000180094388

84 Siehe: https://stm.baden-wuerttemberg.de/de/service/presse/pressemitteilung/pid/innovationspark-kuenstliche-intelligenz-kommt-nach-heilbronn/

85 Siehe: https://www.heilbronn.de/bildung/wissensstadt/bildungscampus-heilbronn.html

86 Siehe: https://campusfounders.de/de/

87 Siehe: https://www.phorms.de/de/home-phorms-education/

88 Siehe: https://www.42heilbronn.de/de/

89 Siehe: https://www.faz.net/aktuell/wirtschaft/digitec/hasso-plattner-ueber-vermoegensteuer-und-digitalisierung-16546451.html

90 Siehe: https://dietmar-hopp-stiftung.de/startseite.html

91 Lesenswert: Ein Hintergrundartikel der *Wirtschaftswoche* vom 18. Oktober 2021 zu Curevac und Hopps Engagement, siehe online: https://www.wiwo.de/unternehmen/industrie/gescheitertes-impfstoff-projekt-warum-milliardaer-hopp-trotz-allem-an-curevac-festhaelt/27706696.html

92 Siehe: https://www.wiwo.de/unternehmen/it/klaus-tschira-der-unsichtbare-dritte-bei-sap-ist-gestorben/11582256.html

93 Siehe das interessante Firmenporträt: https://www.nzz.ch/wirtschaft/miele-wie-die-nachkommen-der-gruender-den-konzern-zusammenhalten-ld.1654337

94 https://cmb-gt.de/bildungsangebot/

95 Siehe Max Weber: *Die protestantische Ethik und der Geist des Kapitalismus, Vollständige Ausgabe*, München 2010. – In einen größeren Zusammenhang gestellt zum Beispiel vom ehemaligen Präsidenten der Privatuniversität Witten/Herdecke, Birger P. Priddat: *Arbeit und Muße. Luther, Schiller, Marx, Weber, Lafargue, Keynes, Russell, Marcuse, Precht. Über eine europäische Hoffnung der Verwandlung von Arbeit in höhere Tätigkeit*, Marburg 2019. – Es dürfte kein Zufall sein, dass die Keimzelle des Bertelsmann-Konzerns (und der Bertelsmann Stiftung) in Gütersloh der Vertrieb von protestantischer Literatur einer westfälischen Erweckungsbewegung ab 1835 war.

96 Was ist Kybernetik? Die freie Enzyklopädie Wikipedia.de erklärt sie als »Wissenschaft der Steuerung und Regelung von Maschi-

nen und deren Analogie zur Handlungsweise von lebenden Organismen«. Kybernetik »wurde auch mit der Formel ›die Kunst des Steuerns‹ beschrieben. Der Begriff als solcher wurde Mitte des 20. Jahrhunderts nach dem Vorbild des englischen *cybernetics* (›Regelungstechniken‹) in die deutsche Sprache übernommen«, wobei *cybernetics* ein Kunstwort ist, das sich an das Altgriechische anlehnt, siehe: https://de.wikipedia.org/wiki/Kybernetik

97 Siehe: https://henning4future.com/klaus-henning/

98 Die tragbare (Taschenuhr) wurde in Nürnberg entwickelt: Dort baute der Renaissance-Entrepreneur Peter Henlein um 1504 einen Federantrieb in Verbindung mit einer Unrast als einer der Ersten in eine Uhr ein und konnte sie so auf Taschengröße verkleinern – der Startschuss für eine feinmechanische Revolution, die bis in unsere Tage reicht, auch was das Ur-Produkt, die mechanische Armbanduhr, anbelangt (von Glashütte in Sachsen bis zu Rolex in der Schweiz). – Ein kleiner Essay von Klaus Henning bringt diese Zusammenhänge auf den Punkt: »Plädoyer für nichtakademische Facharbeit«, in: Angela Merkel (Hg.), *Dialog über Deutschlands Zukunft*, Hamburg 2012, S. 142–146.

99 Siehe: https://www.bvmw.de/themen/mittelstand/grundsaetze/10-grundsaetze-des-ehrbaren-kaufmanns/. – Das Leitbild des ehrbaren Kaufmanns wird auch in § 1 des IHK-Gesetzes genannt.

100 Gerhard Bosch, *Das duale System der Berufsausbildung in Deutschland*, hrsg. vom Französischen Institut für Internationale Beziehungen (ifri) und dem Studienkomitee für deutsch-französische Beziehungen (Cerfa), Juli 2018, hier die Grafik S. 9, siehe online: https://www.ifri.org/sites/default/files/atoms/files/ndc_143_g._bosch_duales_system_berufsausbildung_juli_2018.pdf

101 https://www.sueddeutsche.de/politik/arbeitsmarktstudie-zahl-der-azubis-sinkt-stark-1.5240913

102 Vgl. https://www.destatis.de/DE/Presse/Pressemitteilungen/2021/08/PD21_379_212.html

103 Vgl. die Studie »Kein Anschluss trotz Abschluss?! Benachteiligte Jugendliche am Übergang in Ausbildung« des Forschungsinstituts für Bildungs- und Sozialökonomie (FiBS) vom März 2021, siehe: https://www.fibs.eu/fileadmin/dev/FiBS-Forum_076_Generation_Corona_210322_final_mit_Deckblatt.pdf

104 Siehe: https://policyexchange.org.uk/author/david-goodhart/. – Goodhart ist auch Autor des klugen Buches *The Road to Somewhere: Wie wir Arbeit, Familie und Gesellschaft neu denken müssen. Die populistische Revolte und die Zukunft der Gesellschaft*, München 2020.

105 Goodhart, *Kopf, Hand, Herz*, S. 225 (hier zitiert nach der Sonderausgabe der Bundeszentrale für politische Bildung, 2021).

106 Goodhart, *Kopf, Hand, Herz*, hier S. 144.

107 Goodhart, *Kopf, Hand, Herz*, S. 44.

108 Angela Merkel (Hg.), *Dialog über Deutschlands Zukunft*, Hamburg 2012. Kapitel 2: »Wovon wollen wir leben?«, hier S. 99 f.

109 »Duale Ausbildung in Europa. Ein Exportschlager made in Germany«, berichtete das Goethe-Institut 2013, siehe: https://www.goethe.de/de/kul/ges/20368521.html

110 Siehe: https://www.bmbf.de/bmbf/de/europa-und-die-welt/berufsbildung-international/berufsbildungskooperation/duales-ausbildungssystem-weltweit-gefragt.html. – Das BIBB hat ein Kooperationsnetzwerk zur Weiterentwicklung des Berufsbildungssystems, siehe: https://www.bibb.de/de/5104.php

111 Vgl. dazu das Amtsblatt der EU: https://eur-lex.europa.eu/legal-content/DE/TXT/PDF/?uri=CELEX:32020R0852

112 Zur Firmengeschichte siehe Jochen Streb: *Trumpf. Geschichte eines Familienunternehmens*, München 2018.

113 Das sind neben Trumpf noch Thales Deutschland mit an die 1800 Mitarbeitern sowie die Elektrohändler-Kooperation Euronics mit ähnlich vielen Mitarbeitern. Nebst weiteren kleineren Unternehmen. Siehe Wikipedia: https://de.wikipedia.org/wiki/Ditzingen

114 Ein lesenswertes Interview mit Leibinger-Kammüller und ihrem Ehemann hat das Magazin *Brandeins* 2015 veröffentlicht, siehe online: https://www.brandeins.de/magazine/brand-eins-wirtschaftsmagazin/2015/ziele/familienbande

115 Siehe: https://www.leibinger-stiftung.de/de

116 Vgl. das Fachmagazin *Handball Backstage* vom Oktober 2016, online: https://www.handball-backstage.com/ohne-frau-braun-lue dicke-waere-der-verein-nicht-dort-wo-er-jetzt-steht/

117 Siehe: https://www.zeit.de/gesellschaft/2021-03/maja-goepel-interviewpodcast-alles-gesagt

118 »Für eine neue Aufbruchsstimmung!«, Rede von Nicola Leibinger-Kammüller anlässlich der Verleihung des Ludwig-Erhard-Preises für Wirtschaftspublizistik 2015 an sie, in: Roland Tichy (Hg.), *Ludwig-Erhard-Preis für Wirtschaftspublizistik, Reden der Preisträger seit 1977*, Bonn 2017, S. 600–604.

119 »Voll auf die Kleinen«, Interview von Frank Stocker mit Götz Albert in: *Welt am Sonntag*, 9. Januar 2022, S. 38. Siehe online: https://www.welt.de/finanzen/plus236130518/Nebenwerte-Dieser-Geldprofi-weiss-wie-man-die-besten-Aktien-findet.html

120 Die Lektüre des Heftes »Der Neue Mensch« in der Zeitschriftenreihe *Aus Politik und Zeitgeschichte* der Bundeszentrale für politische Bildung (APuZ 37–38/2016), vor allem der Beitrag »Der Neue Mensch im Nationalsozialismus und Sowjetkommunismus« der Historikerin und Soziologin Sabine A. Haring, ist empfeh-

lenswert, siehe online: https://www.bpb.de/apuz/233462/der-neue-mensch-im-nationalsozialismus-und-sowjetkommunis mus

121 Siehe die Aktivisten-Plattform »FuturZwei«: https://futurzwei.org/article/1223

122 Siehe Justus Enninga, »Wenn der Staat Umweltschutz propagiert, ist Skepsis angebracht«, in: *Die Welt*, 3. Januar 2022, online: https://www.welt.de/debatte/kommentare/plus236001444/Wenn-der-Staat-Umweltschutz-propagiert-ist-Skepsis-angebracht.html?icid=search.product.onsitesearch

123 Siehe: https://futurzwei.org/article/stiftung. – Unverständlicherweise wird FuturZwei unter anderem mit viel Steuergeld unterstützt, und zwar über die Bundeszentrale für politische Bildung, den Rat für Nachhaltige Entwicklung und andere Organisationen, die von Fördergeldern leben.

124 Lukas Köhler und Marie-Agnes Strack-Zimmermann, »Es geht auch ohne Askese«, in: *Die Welt*, 29. April 2019, siehe online: https://www.welt.de/debatte/kommentare/article192606411/CO2-Ausstoss-Klimaschutz-und-weltweiter-Wohlstand-es-geht-beides.html?icid=search.product.onsitesearch. – Köhler war in der vergangenen Legislaturperiode klimapolitischer Sprecher der FDP-Bundestagsfraktion und ist jetzt stellvertretender Fraktionsvorsitzender. Strack-Zimmermann ist Bundestagsabgeordnete und Mitglied im FDP-Bundesvorstand.

125 Vgl. Rafael Laguna de la Vera und Thomas Ramge, *Sprunginnovation: Wie wir mit Wissenschaft und Technik die Welt wieder in Balance bekommen. Antworten der Zukunft auf Klimawandel, Digitalisierung, Armut und Pandemien*, Berlin 2021.

126 Ralf Fücks, *Intelligent wachsen. Die grüne Revolution*, Bonn 2016, S. 165 f. – Harald Welzer schreibt immer noch über Verzicht und

das eigene Verschwinden. Sein aktuelles Buch trägt den Titel *Nachruf auf mich selbst. Die Kultur des Aufhörens.*

127 https://libmod.de/

128 Siehe: https://www.oxfam.de/presse/pressemitteilungen/2022-01-17-reichsten-verdoppeln-vermoegen-waehrend-160-millionen. – Erschütternd unkritisch berichteten viele deutsche Medien über diesen Oxfam-Bericht. Zum Beispiel tagesschau.de: »Für Milliardäre gleicht Pandemie einem Goldrausch«, online: https://www.tagesschau.de/wirtschaft/weltwirtschaft/oxfam-corona-ungleichheit-101.html

129 Vgl. den umfangreichen Wikipedia-Eintrag zu Wulf mit vielen weiterführenden Links: https://de.wikipedia.org/wiki/Christoph_Wulf#cite_note-12. – Schon Plessners erstes wichtiges Buch über die Grenzen des sozialen Radikalismus war eine bemerkenswerte Auseinandersetzung auch mit den Zeitläuften. Es erschien 1924. Ebenso wie Carl Christian Brys *Verkappte Religionen.*

130 Vgl. http://ina-wunn.com/ sowie zum Beispiel das Buch *Götter – Gene – Genesis: Die Biologie der Religionsentstehung*, erschienen im Wissenschaftsverlag Springer Spektrum, Berlin und Heidelberg 2015, das von Ina Wunn, Constantin Klein und Patrick Urban verfasst wurde.

131 Lars P. Feld, »Wohlstand für Alle – was dieses Versprechen heute bedeutet«, in: Ludwig Erhard, *Wohlstand für Alle*, Neuauflage der 8. Auflage von 1964, Berlin 2020, hier: S. III.

132 Siehe: »Wie wird Bildung zur Quengelware? Fragen an Stephan A. Jansen«, in: *Brandeins* 08/2016, online: https://www.brandeins.de/magazine/brand-eins-wirtschaftsmagazin/2016/lust/wie-wird-bildung-zur-quengelware

133 Neben seiner britischen Dissertation unter dem Titel *Unskilled Labour in British Industry* (1956) denke ich vor allem an seine Schrift

Soziale Klassen und Klassenkonflikt in der industriellen Gesellschaft, die er 1957 als Habilitationsschrift an der Universität des Saarlandes in Saarbrücken vorlegte.

134 Vom 1. Juli bis 31. August 1954 war er als wissenschaftlicher Assistent von Max Horkheimer am Frankfurter Institut für Sozialforschung beschäftigt. Nach zwei Monaten verließ er es wieder. Wie Theodor W. Adorno einräumte, habe sich Dahrendorf theoretisch »uns nicht zugehörig« gefühlt, wie er es in einem Brief an Max Horkheimer etwas verklausuliert beschrieb. Vgl.: Theodor W. Adorno, Max Horkheimer: *Briefwechsel*. Band IV: *1950–1969*. Frankfurt am Main 2006, S. 275, 277. Hier zitiert nach Wikipedia.

ÜBER DEN AUTOR

© Thomas Imo / photothek.net

Harald Christ ist erfolgreicher Unternehmensberater, Bundesschatzmeister und Präsidiumsmitglied der FDP, langjähriger Topmanager in der Finanzwirtschaft und gesellschaftlich engagierter Stifter. An der Schnittstelle von Politik und Wirtschaft wirbt er für digitale und nachhaltige Zukunftsfähigkeit. Finanzwirtschaftlich und politisch versiert, netzwerkt er aus Leidenschaft. Er setzt auf die Innovationskraft und den Gestaltungswillen vor allem des innovativen deutschen Mittelstands.

Klimaneutral
Druckprodukt
ClimatePartner.com/12752-1803-1001

Zum Ausgleich für die entstandene CO_2-Emission bei der Produktion dieses Buches unterstützen wir den Betrieb eines Wasserkraftwerks im Virunga-Nationalpark im östlichen Kongo. Das Projekt trägt zum Klimaschutz bei, indem auf die Abholzung des tropischen Bergregenwaldes zur Holzkohlegewinnung verzichtet wird und der Lebensraum der letzten Berggorillas in freier Wildbahn erhalten bleibt. Der gewonnene Strom wird in das lokale Stromnetz eingespeist und dient als Alternative zur Holzkohle.

Bibliografische Information der Deutschen Nationalbibliothek
Die Deutsche Nationalbibliothek verzeichnet diese Publikation in der Deutschen Nationalbibliografie; detaillierte bibliografische Daten sind im Internet über http://dnb.de abrufbar.

Lektorat: Jörg Hackeschmidt
Druck: Steinmeier GmbH & Co. KG
Printed in Germany

ISBN 978-3-86774-727-1

Besuchen Sie uns im Internet: www.murmann-verlag.de
Ihre Meinung zu diesem Buch interessiert uns!
Zuschriften bitte an info@murmann-publishers.de
Den Newsletter des Murmann Verlages können Sie anfordern unter
newsletter@murmann-publishers.de